Lehre und Wesen
des Hermes Trismegistos

Johannes H. von Hohenstätten

AF220263

Mein Dank geht an Peter Windsheimer
für das Design sämtlicher Bilder.

Für Schäden, die durch falsches Herangehen an die Übungen an Körper,
Seele und Geist entstehen könnten, übernehmen Verlag und Autor keine
Haftung.

Copyright © 2021 by Christof Uiberreiter Verlag
Waltrop, Germany

Herstellung und Verlag:
BoD – Books on Demand, Norderstedt.
ISBN: 9783754316818

Alle Rechte, auch die fotomechanische Wiedergabe (einschließlich
Fotokopie) oder der Speicherung auf elektronischen Systemen, vorbehalten
All rights reserved

Inhaltsangabe:

Einleitung:

Ich halte mich wie immer nicht bei langatmigen Phrasen und sinnlosen Erklärungen auf, die eine Tatsache nur zerreden, anstatt hilfreich zum Pudels Kern vorzudringen. Denn das ist immer und in jedem Fall das treffend Richtige! Darum geht es mir in erster Linie bei diesem Werk, um die Wahrheit im hermetischen Sinne. Deshalb habe ich zu diesem Buch nur wissenschaftliche Grundlagenwerke herangezogen wie z. B.:

- M. Lurker – Lexikon der Götter und Symbole der alten Ägypter, und weitere Lexika …
- Georg Steindorff – Zeitschrift für ägyptische Sprache und Altertumskunde – alle Bände
- Siecke E. – Hermes der Mondgott
- Kolpaktchy G. – Das Ägyptische Totenbuch
- J. Kroll – Die Lehren des H. Trismegistos
- Pietschmann – Hermes Trismegistos
- Lepsisus – Das Totenbuch der Ägypter
- Lepsisus – Über die Götter der vier Elemente
- Wiedenmann – Die Toten und ihr Reich
- Eitrem S. – Hermes und die Toten usw. usw.,

die ich aber hier nicht alle anführen kann. Von all diesen habe ich die **sinnvolle und okkulte** Quintessenz herausgezogen, ausgearbeitet und zusammengetragen, um sie dem interessierten Hermetiker zum Studieren zur Verfügung zu stellen.

I: Die Lehre:
1. Die Zauberkraft des Hermes-Thot.

Um eine Lehre zu bestimmen, ist es wichtig, den Lehrer näher zu untersuchen, denn aufgrund seines Wesen wird die Philosophie gegründet. Es gibt nämlich Münzen mit seinem Abbild, die des Affengottes, das auf die Nachahmung des Göttlichen verweisen soll. Denn der Mensch soll zu Gott werden! Vieles wird davon in sogenannten Zauberbüchern geschildert, dessen Wirkungen ans Wunderbare grenzen sollen. Das ist die Gotteskraft, die dem Beschauer und Herrn des Wortes zuteil wird, wörtlich heißt es in den ägyptischen Texten: *„...eine Gotteskraft aus dem Himmel hinabgesandt wurde; ... indem eine Gotteskraft über ihm flutete; ... meine eine göttliche Kraft"* mit dem Determinativ, einem Schriftzeichen der Hieroglyphenschrift, das bei mehreren Bedeutungsmöglichkeiten eines Zeichens die beabsichtigte Bedeutung spezifiziert, d. h., die Person hinter dem Gottesnamen in diesem Zusammenhang erwähnt.

Dieser abstrakte Begriff der Kraft oder der Kräfte, mit dem in der Schrift ausgedrückten Zusatz *göttlich*, wird durchaus als persönliche Gottheit empfunden. Das zeigt die hieroglyphische Wiedergabe des demotischen Namens, wo die mit dem Messer bewaffnete Dämonengestalt die Gotteskraft bezeichnet. So wird auch die vom Himmel herabgesandte Gotteskraft ein Dämon sein, der die Rolle eines göttlichen Engels spielt, und auch die in Verbindung mit der Bubastis, der Katzengöttin, genannten Kräfte werden göttliche Diener dieser Göttin sein. In der *Sethnovelle* z. B. ist die Gotteskraft ein Wassergeist, der wie ein göttliches Wesen wirkt. Und in dieser Beziehung zum Wasser (Ur-Wasser) begegnet uns die Gotteskraft an der ältesten Stelle.

Mit diesen Gewalten hängen auch die ägyptischen Krankheitsnamen zusammen, die einen Wesen ausdrücken, das man durch lautmagische Bannung der Krankheit heilen kann. Nach diesen Stellen im *Pap. Lond.* haben die gelehrten Ägypter sich gedacht, dass alles von der Einwirkung der Geister oder Dämonen herrührt; aus diesem Glauben schreibt *Pap. Lond.* runische Zauberformeln vor, die gebraucht werden sollen, um die Dämonen auszutreiben, um sich des Glückes zu versichern.

Der Zauberpapyrus des *Vatikan* von Adolf Erman, der Herausgeber hat dabei richtig erkannt, dass die Handschrift Zauberformeln enthält, durch die ein böses weibliches Wesen beschworen wird, in den verschiedenen

Körperteilen nicht zu stehen, sie nicht krank zu machen. Schon diese Aufzählung der Körperteile würde die Beachtung der Fachgenossen verdienen und noch wichtiger wird der Text durch eine mythologische Erzählung, die den eigentlichen Zauberformeln als Einleitung dient. Aber solche Arbeiten wurden nicht getätigt, denn man verwarf die Schöpfersprache in den Abgrund des Aberglaubens.

Es gibt auch Zeremonien des Lichtanzündens, wie Herr Lemm in seinem Aufsatz anführt. Das sind alte Ritualtexte, die man noch richtig übersetzen muss. Das Schlagen des Feuers wird so beschrieben: *„Worte: Komm, komm in Frieden, du glänzendes Horausauge; mögest du dich Wohl befinden, mögest du gedeihen in Frieden. Es leuchtet wie Ra am Horizonte und verbirgt die Gestalt des Set jeden Tag. Das Horusauge schlägt denselben und führt ihn fort. Gesetzt ist es auf seinen Horussitz. Es triumphiert Horus wegen seines Auges; das Horusauge vertreibt die Feinde des Ammon-Ra, des Herrn des Thrones beider Länder von allen ihren Sitzen. Ich bin wahrhaftig rein."* Das Schlagen des Feuers weist auf das „Licht anzünden", es hat diese runische Sprache als Erklärung. Nach Brugschs Untersuchungen wurde die Flamme wirklich nicht durch das Schlagen oder Reiben eines Instrumentes an ein Holzstück hervorgebracht, sondern mittels des Wortes, des Schlagen der magischen Geste in die Luft über dem Holz!

Mannigfach sind die Formen der Zaubersprüche. Der Herr des Wortes vermag alles mit ihnen zu vollbringen. Die Götter wurden angeraunt und die Buchstaben mit Ideen verbunden, um magisch zu wirken.

„Da stieß Isis ihren Ruf aus zum Himmel und ihren Schrei zur Barke der Ewigkeit. Da stand die Sonne still und bewegte sich nicht von ihrem Platze," steht in den Papyri als Erklärung dieses Vorganges.

Damit die Zaubersprüche aber richtig wirken können, ist es nötig, noch allerlei bei ihrem Hersagen zu beobachten. Das sagen zumindest die altägyptischen Papyri. So muss, wer über sich selbst einen besonders glückbringenden Spruch rezitieren will,

- sich erst neun Tage lang reinigen – ein Hinweis auf die schöpferische Neunheit der Götter des Lebensbaumes.
- Dann muss er sich mit zweierlei Ölen salben – Plus und Minus!
- Er muss sich räuchern, indem er das Rauchergefäß hinter die Ohren hält, d. h. er muss seine Gedanken vollkommen beherrschen.
- Er muss sich den Mund mit Natron reinigen, d. h. seine Sprache

muss vollkommen sein.
- Er muss sich mit Überschwemmungswasser waschen – er muss fruchtbar-schöpferisch handeln.
- Er muss Sandalen aus weißem Leder anziehen und zwei neue Schürz – die Reinheit symbolisch ausdrücken und
- schließlich muss er sich noch das Zeichen der Wahrheit – die Feder der Maat – mit grüner Tusche auf die Zunge malen.

Dann tritt er, wie geschrieben steht, in einen Kreis, den er während der Dauer der Zeremonie nicht verlassen darf.

Um einen anderen Spruch wirksam herzusagen, muss man ein ganzes Bild auf den Boden malen: eine Frauenfigur, eine Göttin, die auf ihr in ihrer Mitte sich befindet, eine Schlange, die auf dem Schwanze steht, einen Himmel oder man malt sich ein Auge auf die Hand, das ein Bild des Gottes Onuris umschließt, offenbar mit Bezug auf den Teil des Spruches, in dem der Magier sich als den Gott Schu, das Bild des Re, das Innen im Auge seines Vaters ist, bezeichnet. Und wieder bei einem Zauber, den man auf dem Wasser gegen böse Tiere hersagt, und der den Sonnengott, der ja einst im Ei aus der Flut auftauchte, als das Ei des Wassers bezeichnet, ist es nötig, dass der Mann, der vorn im Schiff steht, ein Ei aus Ton in der Hand hält; dann glauben die Wasserbewohner, den Gott selbst zu sehen, und wenn sie auftauchen, fallen sie erschreckt ins Wasser zurück.

Gut ist es weiter, wenn man die Sprüche nicht einmal hersagt, sondern gleich viermal, wie man das vonalters her auch bei manchen Gebeten zu tun pflegte, und wenn man ihnen ein heute anhängt, zum Zeichen, dass sie sofort wirken sollen. Oder man füge auch noch die Worte: Schutz hinten, Schutz der kommt, Schutz!, an sie an.

Dass es weiter nötig war, die Zaubersprüche in feierlichem Tone herzusagen, versteht sich von selbst und wird auch schon dadurch belegt, dass sie in der Regel in Versen mit Ideen abgefasst sind. Auch gesungen muss man sie haben, denn eine Handschrift, die Zaubersprüche des neuen Reiches enthält, bezeichnet diese als schöne, singbare Sprüche.

Kultsprache ist Göttersprache. Göttersprache ist aber auch Götterschrift. Das ägyptische Wort für Hieroglyphen heißt so viel wie Gottesworte. Die Nichtunterscheidung zwischen Schrift und Sprache in dem Ausdruck *medu netjer,* Gottesworte für die Hieroglyphenschrift, ist sehr bezeichnend für den engen Zusammenhang von Sprache, Schrift und Kult im ägyptischen Denken.

Daraus folgerten die Ägypter, dass der Tod nicht natürlich ist, denn es gibt in beiden Reichen, hüben wir drüben nur ein Leben! Das Leben erhält man durch lautmagische Formeln. Die Dämonen bedingen den Tod, das Leiden und die Pein, diese gilt es zu vertreiben, was durch runische Magie gelingt. Deshalb kann man ewig leben. Wenn der Körper stirbt, so kann er im Jenseits den zweiten Tod erleiden, weswegen man Totenkult-Riten dagegen tätigt, um sich im Jenseits zu schützen. Diese runischen Formeln wurden in den Totentexten verewigt. Der Sinn liegt in der kabbalistischen Aussprache. Der Kreislauf der Sonnen, von Ost nach West, vollzieht sich immer bis in alle Ewigkeit, folgedessen kann der Mensch da anknüpfen und das ewige Leben genießen.

2. Die altägyptische Gnosis.

Es wird immer von dem Sehnen der Seele nach der Erkenntnis und Anschauung Gottes, des Wahren, Seienden gesprochen, haben wir zugleich die Frage der Gnosis, der Magie und Mystik berührt. Erst ganz langsam beginnen wir jetzt, die Entwicklung des Begriffs und der religiösen Gedanken, die hinter all diesen Philosophien stehen, zu überschauen. Schon nach dem bislang Besprochenen können wir sagen, dass die letzten, feinsten Wurzeln bis tief in das Reich des altägyptischen Denkens hinabziehen. Wir werden sehr viel mit dem Einfluss der Mysterien zu rechnen haben, die auf diese Frage hin noch mehr zu durchforschen sind. Wenn sie auch zu dem eigentlichen Begriff der Gnosis nichts beigetragen haben, so haben sie noch sicher den Boden vorbereitet und das Ohr der Menge an die sonderbaren Akkorde gewöhnt, die vom Altantis her seit Urzeiten zu ihnen drangen. Denn das ist sicher, dass das, was wir unter Gnosis verstehen, die Erkenntnis der höchsten Dinge durch ekstatisches Schauen und direkten Verkehr mit der Gottheit unter Verzicht auf die irdische Verstandesarbeit, das dringliche Verlangen nach Offenbarung, die schwärmerische Hingabe an das religiöse Gefühl, welches als Voraussetzung für eine geradlinige Entwicklung vorliegen muss.
Im Folgenden wollen wir möglichst kurz einen Überblick über die hermetische Gnosis, und was damit zusammenhängt, geben. Bei Hermes (Arion), dem Schöpfer der Mysterien, gehen offensichtlich die Begriffe Magie bzw. Mystik und Gnosis ineinander über und bezeichnen im Grunde einen und denselben Gemütszustand nach seinen verschiedenen Seiten. Mit Recht werden alle Begriffe gleichgesetzt, denn es liegt ein Verstoß gegen

das Gebot Gottes vor, der den Menschen zur Magie geschaffen und sie ihm zur Pflicht gemacht hat, da ausdrücklich in den *17 hermetischen Büchern* gesagt wird, dass Gott den Menschen kennt und auch von ihm erkannt sein will. Die Gnosis, die durchaus als ein besonderes Geschenk, als eine Art göttliche Wissenschaft erscheint, die außerhalb der Tätigkeit des reinen Verstandes liegt, denn es werden ausdrücklich die anderen Gottesgaben von ihr getrennt. Sie erscheint auch mehr als ekstatisches Schauen denn als Wissen.

Bevor wir nun weiter den Begriff der Gnosis verfolgen, müssen wir uns erst allgemein mit den Formen der Ekstase, der visionären Erkenntnis Gottes, der Wahrheit, des jenseitigen Lebens befassen. Zur Nachtzeit, wenn der Körper mit all seinen Gliedern sich der Ruhe hingibt, kann die Seele kraft ihrer göttlichen Natur für höhere Erkenntnis empfänglich sein. Doch nur, wenn sie dazu fähig ist, sich in einer kosmischen Ekstase hochzuschwingen, welche den Menschen befähigt, schöpferisch über die Schwelle in höhere Bereiche einzutreten. Schon in jenem merkwürdigen Zustande zwischen Wachen und Schlafen wird ihr dies Glück zuteil; mit ihm vergleicht der Prophet des Poimandres das Schauen, dessen er gewürdigt wurde. Das *Corpus Hermeticum* soll auf ihn angeblich zurückgehen. Das ist eine Sammlung von 17 griechischen Traktaten in Brief-, Dialog- und Predigtform über die Entstehung der Welt, die Gestalt des Kosmos sowie menschliche und göttliche Weisheit. Als Verfasser galt schon in der Antike Hermes Trismegistos, dem eine Vielzahl von religiösen, astrologischen und magischen Schriften zugeschrieben wurde, obwohl es sich ursprünglich bei der Schöpfung um eine Götterbezeichnung handelte. Das *Corpus Hermeticum* gilt als wichtigste Quelle der hermetischen Geheimlehren. Direkte Einflüsse auf die christliche Gnosis des 3. und 4. Jahrhunderts sind nachweisbar. Die Traktate umfassen Einflüsse der ägyptischen und orphischen Mysterien, neuplatonische Gedanken von Reinkarnation, Ekstase, Reinigung, Opfer und mystischer Vereinigung mit Gott. Solch ein gottverbundener Mensch ist auf das eine Ziel konzentriert; alle Empfindungen und Wahrnehmungen, alles Denken und Erkennen, alle Bewegung muss aufhören. Mit rauschender Begeisterung wird der Zustand der Ekstase ausgemalt. Über Zeit und Raum ist der Mensch danach in der Ekstase erhaben, da seine Seele sich aus dem Körper herausgeschwungen und ihre göttliche Kraft wiederbekommen hat. Infolge dessen steht ihr selbstredend alle Erkenntnis frei. Dieses Aufstiegs der Seele zur Gnosis und ihrer Wirkungen wurden die ägyptischen

Hohepriester durch den Gott Hermes teilhaftig.

Anfang und Ausbreitung der Ekstase werden wir für Ägypten bestimmt in den Mysterien zu suchen haben, ist sie doch schon sehr früh im dionysischen Kult auch in Griechenland zu finden. Schon bei Platon sind ihre Gedanken auch in die Philosophie gedrungen. Er war sich bewusst, dass das letzte Ziel seiner Philosophie, das Schauen des Ideenreiches, nicht durch begriffliches Denken zu erreichen sei, sondern nur durch enthusiastisch visionären Aufschwung des Geistes, durch unmittelbare kosmische Intuition. Diesen Zustand nennt er selbst in Anspielung auf die Mysterien eine Erhebung des Bewusstseins. Er hat ja auch das schon früher ausgebildete Motiv der Ekstase verwandt, dass jemandes Seele sich vom Leibe trennt und in ihrer Freiheit besonderen Schauens teilhaftig wird, so dass bei ihrer Wiedervereinigung mit dem Körper der Mensch besondere Offenbarungen haben kann. Hier liegen die Ansätze zu den oben entwickelten Vorstellungen. Natürlich fehlt noch mancherlei, so vor allem das mystische Gepräge, die tiefe geistige Religiosität, von der das Ganze durchdrungen ist.

Gegen Platon hat Poseidonios in dieser Frage bedeutende Fortschritte gemacht. Vor allem tritt nun auch die philosophische Begründung deutlicher hervor. Der menschliche Geist ist ein Teil der Gottheit und gleichen Wesens wie sie, er ist also von Natur in der Lage, das Walten der Gottheit zu erkennen und vorauszusagen. Im Wachen ist der Geist an die sinnlichen Körper gebunden; erst im Jenseitigen, im Astralen und in allen ekstatischen Zuständen ist die Seele wie nach dem Tode frei von allem Körperlichen; sie erkennt das, was ihr sonst des Leibes wegen verschlossen bleibt, schaut unmittelbar den Zusammenhang der Dinge. Die Vorbedingung aber für die Offenbarung ihrer eigenen, hohen Natur ist eben die Loslösung von den Organen des Körpers, die teils im seelischen Austritt aus dem Körper eintreten kann, teils aber auch, indem man in heiliger Begeisterung lebenden Leibes alles Sinnliche in sich ertötet, d. h., sich durch lautmagischen Gesang in höchste Sphären erhebt. Ohne stoffliche Augen, Ohren, Zunge erkennt sie genau wie die Götter das Wesen der Dinge. Sie kann das entweder unmittelbar aus eigener Kraft oder durch den Verkehr mit den sonst unsichtbaren Geistern des Luftraumes, der geistigen Welten, oder es tritt schließlich der Geist mit der Gottheit selbst in Berührung. Letzteres ist offenbar der höchste Grad der Offenbarung, der hauptsächlich kurz vor dem Erreichen des kosmischen Bewusstsein eintritt. Jedenfalls finden wir bei Poseidonios ganz deutlich

11

die Formen ekstatischen Schauens und Erkennens der Wahrheit wieder, die wir oben in den hermetischen Schriften unterschieden, nur erscheinen sie uns immer noch mehr in philosophischem als in religiös-mystischem Gewande. Denn der Kern der Gedanken ist derselbe. Oder ist das nicht ganz die hermetische Vorstellung, wenn die Seele, die eigentlich erst nach dem Tode des Körpers ihres seligen Loses teilhaftig wird, schon zum Himmel gelangen soll. Auch sonst findet sich dieselbe Vorstellung bei den Lehren des Hermes, so dass der hohe geistige Führer des Hermes sagt: *Das Verlangen nach einer enthusiastischen Berührung mit dem Göttlichen, die über das selbstbewusste Denken hinausgeht, wird seit Poseidonios immer dringlicher. Sie geht Hand in Hand mit dem Erlahmen der eigenen Denktätigkeit und dem Zunehmen der erdenklichsten religiösen Kulte und Mysterien, die dem gesteigerten religiösen Gefühl der Menge Befriedigung verschaffen müssen.*

Der Glaube an eine höhere Offenbarung im Enthusiasmus ist einer der Züge, welche die Neupythagoreer und die jüngeren Platoniker gemeinsam haben. So nähert sich auch z. B. Plutarchos sehr stark der hermetischen Lehre von der Ekstase, da doch die gesamte nachägyptische Philosophie auf dem System des Hermes sich beruft. Noch viel mehr ist das bei Philon der Fall, auf den es sich vielleicht lohnt, einen kurzen Blick zu werfen. Dieser lehrt, dass man doch zur Erkenntnis und zum Schauen nicht nur der göttlichen Kräfte, sondern sogar Gottes selbst gelangen soll. Das Streben nach dieser Anschauung bedeutet für ihn den Weg zur vollendeten Glückseligkeit. Auf zweierlei Weise, im tiefen Schlaf, wenn der geistig Teil des Menschen austritt und im Wachen kann der Mensch den beseligenden Zustand bekommen. Beide Male ist Voraussetzung und Grund, dass alles zur Ruhe gekommen ist, alle vier Elemente mit dem Göttlichen eins sind, dass somit nichts Körperliche die Seele bei ihrem kühnen Fluge zurückhalte, dass im Menschen Friede und Stille herrsche. Ja, auch der menschliche Wille muss ganz untergehen, ehe das göttliche Licht des Allwillens sich ergießen kann. In einer regelrechten Ekstase tritt der ersehnte Zustand des Schauens, des Wanderns, des Schöpfens ein. Philon weiß sie des Öfteren in ganz anschaulicher Weise zu schildern. Es mag zu wissen genügen, dass bei ihm die ekstatische Einigung mit Gott, in deren Auffassung und Schilderung er schon kaum dem Plotinos nachsteht und im Wesentlichen die Höhe hermetischer Beschreibung erreicht hat, über das vernünftige Denken, erst recht natürlich über die sinnliche Wahrnehmung hinausgerückt ist. Zu beachten ist ferner der große magische Einfluss der

Wort-Mysterien auf Philon, der sich in seinen Bildern und Vorstellungen zeigt.

Nach Hermes ist es bekanntlich allgemein gnostische Lehre, das der Eingeweihte durch den Empfang der Weihe der Gewalt der kosmischen Mächte entrückt werde, unter welche die übrigen Menschen geknechtet sind. Es muss ja so sein, da die Gnosis aufs Engste mit Gott verknüpft, ja zu Gott macht. Es ist dasselbe, was auch die Magier durch ihre Anrufung der Gottheit zu erreichen versuchen.

Es ist wirklich etwas Wunderbares um die Gnosis. Alle gereicht dem mit ihr Begnadeten zum Besten, ihm ist selbst das, was anderen schlecht ist, gut, ja er allein kann das Schlechte gut machen. Freilich der Leib muss einstweilen noch dem Wechsel des Irdischen und der Sünde unterworfen bleiben, aber in Wahrheit sündigt der mit der Gnosis Begnadete doch nicht, er steht nach hermetischer wie nach allgemein gnostischer Ansicht edler als die Moral selbst. Denn dem Reinen ist alles rein!

Und ein getreues Abbild dieser widerstreitenden Zeitrichtungen bieten uns auch die Schriften des Hermes Trismegistos. Bei ihm stellt die Teleologie mit dem Pantheismus in Verbindung, und auch die anderen Begriffe und Bestimmungen Gottes, die wir betrachtet haben, sind oft mit pantheistischen Gedanken versetzt. In alle Bestandteile ist der Pantheismus eingedrungen, ein ganzer Traktat, der 5. im *Corpus Hermeticum*, ist mit ihm ausgefüllt.

Gott ist Alles, er ist seiner Welt, die er geschaffen hat, immanent, vielmehr, er ist sie selbst, er ist das All. Er lebt und wirkt in uns, wir sind er, heißt es in dem rauschenden Schlussgebete des 5. Traktates. Alles was geschaffen ist, sind Teile von ihm; er ist so in der Welt.

Auch das Prädikat der Mannweiblichkeit für Gott geht auf ganz alte esoterische Ansichten zurück. Da sämtliches ägyptisches Wissen nach Griechenland überging, wird dort wohl im Anfang Pythagoras gemacht haben, der sich das Entstehen des Kosmos nur aus dem Zusammenwirken vom männlichen und weiblichen Prinzip denken konnte. Bekanntlich übertrug er diesen Gedanken auf seine Zahlenlehre und setzte so die Einheit und die ungerade Zahl als männliches, die gerade Zahl als weibliches Prinzip. Es liegt auf der Hand, dass, sobald eine pantheistische Grundauffassung auftrat, die beiden pythagoreischen Prinzipien zusammenfallen, der Begriff der Mannweiblichkeit entstehen musste. Das ist schon früh in der Orphik geschehen, bei der bekanntlich die Mannweiblichkeit etwas ganz Übliches ist, mit ihr geradezu Unfug getrieben wird. Für Phanes gerade ist ja die Mannweiblichkeit stehendes Prädikat, aber auch auf alle möglichen Gottheiten wird es in den Hymnen übertragen. So kommt der Terminus vor für Protogonos, Dionysos, Koryhas, Jacchos, Eros, für Selene, Athene, Jaccho, und Adonis wird genannt. Man darf wohl als wahrscheinlich annehmen, dass diese orphischen Gedanken nichts rein Griechisches darstellen, sondern deren Ursprung schon irgendwie von Ägypten her beeinflusst war. Selbstverständlich fanden diese Theorien vor allem im Pantheismus Nahrung genauso wie der göttliche Vater und die göttliche Mutter gleichsam personifiziert wurden. Genau wie bei den Neupythagoreern, welche unter dem Einfluss stoischer Ideen zum Urprinzip wurden, aus der erst als Sekundäre durch Verdoppelung die Zweiheit hervorgeht. Da muss denn eben die ursprünglich nur männliche auch das weibliche Prädikat erhalten.

So hat denn unter gegenseitiger Beeinflussung die Orphik den Gedanken der Mannweiblichkeit auch an die Stoa überliefert. Auch Chrysipp hat sich mit der Mannweiblichkeit beschäftigt, und Valerius Soranus hat die Anschauung, vielleicht in Anlehnung an den bekannten orphischen Vers, sogar in Verse gebracht, die wiederum Varro für seine Darstellung des Pantheismus benutzt hat. Die Vorstellung der Mannweiblichkeit für den höchsten Gott gewinnt dann wieder, jedenfalls infolge erneuter gegenseitiger Beeinflussung des Orients und Okzidents, große charakteristische Bedeutung für die Gnosis. Man braucht sich nur die *Philosophumena* anzusehen, wo der höchste Gott der Naassener, als zweigeschlechtlich gedacht ist. Doch nicht nur die Naassener, auch die Valentinianer und andere Gnostiker bezeichneten ihren Gott als zweigeschlechtlich, da ja alle Lehren im Grund ein und dasselbe sind! Sie sind aus einer hermetischen Quelle entsprungen. Unter dem Einfluss und als Konsequenz des Emanationsgedankens musste natürlich diese alte Vorstellung neue und besonders reiche Blüten treiben. Ein Beispiel dafür haben wir ja bei Hermes. Man kann deutlich sehen, wie selbst auf die Aufstellung der Syzygien (gegensätzliche Paare), bei denen jedenfalls auch fremde Vorstellungen einwirken, die alte Vorstellung der Mannweiblichkeit Einfluss gehabt hat. Das geht natürlich auf die Gnostiker, speziell die Valentinianer zurück. Bei den Mandäern ist der König der Finsternis mannweiblich. In der Tat ist ja auch die Syzygie nichts anderes als die auseinandergezogene Mannweiblichkeit.

Daneben existiert in all den hermetischen Schriften eine Göttertrias. Die

Triaden Vater, Mutter und Sohn haben eine erdrückende Menge religiongeschichtlicher Parallelen, und das nicht nur in Ägypten, sondern vor allem in der babylonischen und syrischen Religion, und zwar schon seit alters her.

Interessant ist aber, dass man bei Hermes und bei weiteren entsprechenden Göttern schon im Altertum wirklich eine Trias suchte, die man denen unterschob, die freilich mit dieser in Verbindung stand. Bei Suidas wird sogar der Name Trismegistos mit dieser Trias zusammengebracht.

Das Pneuma (Geist, Hauch, Luft, Atem), der schöpferische Allgeist, ist also als wirkliche Person aufgefasst, die aus dem Vater hervorgeht und neben dem Sohn als dem älteren steht. Übrigens ist der Versuch, dem Hermes eine Lehre von der Dreifaltigkeit oder besser von drei höchsten Gewalten beizulegen, nicht vereinzelt. Dabei spielt die Übertragung sogar orphischen Gutes auf ihn eine Rolle.

3. Selbsterkenntnis.

Das Wichtigste für die hermetische Entwicklung im obigen Sinne ist die Selbsterkenntnis, weswegen wir mit dieser Idee dieses Kapitel einleiten. Gehen wir näher zur Betrachtung des Begriffes Selbsterkenntnis, wie es die alten Magier sahen, über. Der Sinn und der Gebrauch des Wortes wird folgendermaßen gesehen, dass es sich in technischer Bedeutung für gewöhnlich um die Grundlage der Magie bzw. der Mystik handelt. Poimandres betont in den *17 Bücher des Hermes* schon mit Recht, dass es sich bei dieser Teilung nicht um eine neue Vorstellung, sondern nur um eine Zerlegung des Begriffes handle. In der Tat haben wir es bei der Gnosis oder Mystik nur mit einem Nebenzweige der Hermetik zu tun; sie ist die Erkenntnis des Zusammenhanges zwischen Mensch und Gott, der Mystik und Gnosis, während die Erkenntnis des Göttlichen absolut in der Hermetik vorherrscht. Als die Seele den Körper hinabsteigen musste, ist sie der Versuchung anheimgefallen, und deswegen ist es nun ihre Pflicht, ihr Wesen zu erkennen, zu erforschen, wozu und von wem sie geworden ist. Sie soll das Bewusstsein ihres höheren Ursprungs wiederbekommen. Das ist der Zweck des Seins. Man denkt dabei an die ganz gleiche Lehre der *Pistis Sophia*, nach welcher den Menschengeist von seinem Urquell, dem Abgrund aller Dinge, nur der Mangel an Bewusstsein dieser sehr ursprünglichen Einheit von ihm trennt. Er ist eben durch die Weltherrscher in das materielle Dasein gebannt, kennt sich selbst nur erst als Wesen

15

dieser materiellen Welt und findet höchstens eine schwache Ahnung der höheren Abstammung und darum nur eine matte Sehnsucht und Fähigkeit in sich vor, der Macht des materiellen Prinzips zu widerstehen. Mit dem Augenblick des Bewusstseins über sich selbst und sein Wesen und die Einheit mit Gott hört aber auch jede Kluft zwischen Mensch und Gott auf. Man muss sich vorstellen, dass nach echt antiker Auffassung das Wissen zugleich als der Heilsweg aufgefasst ist. In der Erkenntnis von Ursprung und Wesen des Menschen ist zugleich die Rettung begriffen. Die Hermetik hat durchaus einen umfassenden praktischen Zweck. Der gleiche Gedanke begegnet uns recht oft in gnostischen Schriften. In letzterer Stelle haben wir eine deutliche Parallele zu Poimandres Werken, wo ebenfalls die Taufe in Beziehung gesetzt ist zu einer Gnosis ähnlicher Dinge. Hie und da mag vielleicht auch bei der Selbsterkenntnis ganz realistisch an die Himmelsreise gedacht sein in der Annahme, dass der Mensch, der sich bewusst geworden sei, aus der oberen Welt zu stammen, dank dieses Wissens bei seiner Auffahrt allen Archonten überlegen sei und sich von ihnen nicht schrecken lasse. So sagt in dem gnostischen Philippus-Evangelium die Seele zum Archon: *„Ich habe mich selbst erkannt ... und ich weiß, wer du bist, denn ich stamme von oben."*

Interessant ist, dass diese Selbsterkenntnis schon bei Philon ganz deutlich gepredigt wird, für gewöhnlich im Gegensatz zu dem Bestreben, Gott durch gelehrte Forschung, vor allem durch Astrologie (Planetenkunde) und anderer geistiger Wissenschaften zu erkennen. Mit der Selbsterkenntnis kommt die Erkenntnis Gottes von selbst, gleichzeitig schlägt die Selbsterkenntnis aber auch sofort den Heilsweg ein.

4. Moral.

Mit dem vorherigen Punkt in inniger Verbindung steht die universelle Ethik, dessen Wesen Hermes Trismegistos immer wieder betonte. Darum soll auch die reine Vernunft alle körperlichen Begierden meistern, überhaupt alles, was un-menschlich ist, muss unterdrückt und ausgemerzt werden. Der hermetische Verfasser – Hermes – wird nicht müde, die Seele aufzufordern, sich von dem Schmutz und den Lastern der Natur freizumachen, aus dieser Welt so schnell wie möglich zu fliehen, besser gesagt sie unter seine geistige Herrschaft zu bekommen, und zu ihrem wahren Ur-Element, ihrer Heimat zurückzukehren. Die höchste Wonne ist dann ihre Befreiung aus Sklaverei der Welt und die Beherrschung der gesamten materiellen Erscheinungen.

Wo die Tugend- und Lasterlehre bis in die kleinsten Einzelheiten und Entsprechungen scholastisch ausgearbeitet vorliegt und eben unter den Tugenden erscheint, ist eine hermetisch-geistige Entwicklung überhaupt erst möglich. Auch unsere Schrift kennt, wie wir weiter unten sehen werden, eine Tugendlehre der vier Elemente. An der Spitze aller Fehler steht bei unserer Aufzählung die Unwissenheit, während das Wissen die Tugenden einleitet. Das ist bekanntlich eine Grundanschauung der Stoa, der griechischen Philosophenschule, deren oberste Maxime der Ethik darin bestand, in Übereinstimmung mit sich selbst und mit der Natur zu leben und Neigungen und Affekte als der Einsicht hinderlich zu bekämpfen. Nach ihr ist das Grundübel das Fehlen einer solchen moralischen Anschauung, und die gemeinsame Wurzel der Tugenden ist die das Wissen, die alles Göttlichen und Menschlichen umfasst.

5. Sternen-Mystizismus.

Schon in Ägypten arbeitete man nach den Gesetzen des ersten Pharaos Hermes, und vor allen Dingen die Hohepriester, mit den Tattwas und Planeten und deren Zeiten im rhythmischen Wechsel. Man verwandt die Qualitäten, Eigenschaften praktisch und sinnvoll für alle Dinge des inwendigen Lebens sowie für materielle Zwecke. Sogar die Fluide, welche durch die Götter Osiris – rechtes Nasenloch (und rechtes Auge), elektrisches Fluid – und Isis – linkes Nasenloch (und linkes Auge), magnetisches Fluid – dargestellt wurden. Der Äther wurde durch die Vereinigung symbolisiert, wie das der Okkultist Peryt Shou in seinen zahlreichen Schriften immer wieder geschildert hatte.

Auch die Dämonen sind als Gottes Diener dazu da, seine Befehle auszuführen. Das ist die grundlegende Lehre bei Hermes und macht sie auch einzigartig. An die Dämonenlehre schließt sich füglich die Betrachtung der Wesen an, welche die Menschen sich selbst ins Dasein gerufen haben. Wie Gott der Vater nämlich nach seinem Ebenbilde ewige Götter geschaffen hat, so bildet auch der Mensch nach seinem Bilde sich seine Götter. Diese Götter sind aus göttlichem Wesen und irdischer Materie, aus der ihr Leib mit allen Gliedern gebildet ist, zusammengesetzt. Diese Götter müssen demnach, damit sie gut gelaunt sind, wohl verehrt werden. Dass ihre Verehrung Pflicht ist, geht auch aus den anschließenden Gedanken hervor. Denn jede Mentalität bildet sich seinen Gott nach ihren

Grundzügen aus, deswegen ist es wichtig, die richtige kosmische Anschauung der Gesetze zu wissen.

Auch die Zuordnung der einzelnen Runen bzw. Buchstaben zu den Planeten wurde praktisch verwertet, so dass sich folgende Tabelle ergibt:

- Saturn der Ur-Rune,
- Jupiter der Ar-Rune,
- Mars der Sig/Is-Rune,
- Sonne der Rit/Laf-Rune,
- Venus der Os/Man-Rune,
- Merkur der Eh-Rune und
- Mond der Rit/Laf-Rune.

Die dazugehörigen Stellungen findet man in den Statuen oder Bildern, welche verinnerlicht werden müssen.

Im Zusammenhang mit diesen Gedanken muss noch eine andere Form der Ekstase betrachtet werden, der Sternen-Mystizismus, hermetisch ausgedrückt, die Planeten- oder Sphärenmagie, die in jeder Religion vorherrscht. Die Beschäftigung der hermetischen Priester bestand darin, dass sie Gott mit ihrem rituellen Gesang priesen, den der Mensch im Zustand seiner Verzückung schon fühlbar machen kann. Doch nicht nur oben in und über die Götter singen sie ihren Lobgesang, auch in dem gereinigten Menschen jubilieren sie, und in ihm bringen sie Gott ihr Opfer dar, indem sie sich veredeln, immer mehr, bis in die Unendlichkeit. Denn die Namen Gottes sind heilige, mächtige Namen, mit denen man schöpfen kann. Jedenfalls, wird nochmals betont, gelangt, wer seinen irdischen Körper übermäßig liebt, nicht zur Anschauung des Überkörperlichen, des Schönen und Guten. Außerdem ist also die Erlangung der Gnosis und damit der Glückseligkeit an die Betrachtung und Kenntnis der Gestirne geknüpft, ein Gedanke, der aus teleologischer Weltauffassung heraus schon Poimandres begegnet; so wird denn auch ähnlich wie im *Somnium Scipionis* mit warmer Begeisterung dem verzückten Mysten eine Schau auf die schöne Erde und die Lichtwelt, die in wunderbarer Ordnung kreisenden Planeten, vermittelt. Selbst Hermes sprich davon in seinen *„Ägyptischen Überlieferungen"*, die Verbindung des eigentlichen Sternenmystizismus mit der Hermetik. Denn wenn die im Körper weilende Seele zur Ergreifung des Guten und Schönen sich aufschwinge, dann werde sie von gewaltiger Liebe gefangen und vergesse alles Schlechte, und hebe sich zu den Sternen hoch. Es ist das ja gerade ein besonderer Vorzug des Menschen, dass er mit seinem göttlichen Geiste den Himmel beschauen und durchforschen kann. Diesen Zusammenhang des Menschen mit den Gestirnen lehrt deutlich Hermes in seiner Planeten-Götterlehre. Jeder dieser Götter hat seine Qualitäten und Attribute. Das hat der Mensch, wie wir schon früher hörten, sogar mit den Göttern gleich, dass er, obwohl er sich auf der Erde befindet, doch den Himmel durchforschen, mit der Kraft seiner Ekstase zu ihm aufsteigen kann.

Schon seit alter Zeit, seit Platon und Aristoteles, besonders aber seit Poseidonios, war man gewöhnt, aus der wunderbaren Ordnung, welche die Betrachtung des Himmels ergab, auf eine ordnende Gottheit, eine souveräne Vorsehung zu schließen. In der ägyptischen Urzeit haben wir gesehen, dass das auch bei Hermes der Fall ist. Die Bewunderung musste natürlich leicht zur Anbetung führen, zumal bei der außerordentlichen Wirkung, welche der gestirnte Himmel auf das Gefühlsleben empfänglicher Menschen ausübt. Er zieht an und hält den betrachtenden Geist fest! Wie herrlich muss allein schon die selige Schau oben unter den Gestirnen sein, wenn man in einem Augenblicke die ganze Welt übersehen kann und dort oben überhaupt vollendeten Schauens und Wissens teilhaftig wird. Dazu kommt noch ein Neues. Für die Anhänger der ägyptischen Astrologie wie für die Stoiker ist die Seele ein Teil, der von den kosmischen Feuern weggenommen ist; ihre Heimat ist drohen in Äthershöhen, dort wird sie ein seliges Leben führen. So vermag sich der verschwommene Begriff der Sympathie zu einem Gefühl der Verwandtschaft der menschlichen Seele mit den anbetungswürdigen göttlichen Gestirnen umzuwandeln.

Diese Idee, die sich auch im *Somn. Scip.* findet, gehört dem Gedankenkreise des Poseidonios an, ist aber auch schon älter als er, denn schon Hipparchos hatte sie angenommen. Sie ist letzten Endes chaldäisch-ägyptisch. Letztere hatten auch sicher schon die Lehre, dass die Seele in der lautmagischen Ekstase den Körper verlasse. Jedenfalls wird der Grundgedanke des Sternenmystizismus seine Heimat in Ägyptens und später in Babyloniens Tempeln gehabt haben. Da die Seele dort oben in ihrer Heimat ein seliges Leben erwartet, hat Poseidonios die Aufforderung gestellt, doch schon dies Leben als Vorstufe und Vorbereitung jenes seligen in Äthershöhen aufzufassen, schon jetzt sich zu mühen, jene Seligkeit durch möglichste Trennung von Leib und Seele zu ersehnen und vorwegzunehmen. In Verfolgung all dieser Gedanken wird die Betrachtung des Himmels zur Kommunion, zur Vereinigung. Eine göttliche Liebe, ein himmlischer Ruhe treibt den Menschen, die Sterne zu betrachten.

In anbetender Stellung des Sternengefunkel der Nacht, mit hochgereckten Armen, ergreift ihn eine Ekstase, der Geist erhebt sich im Enthusiasmus über den Nebel unserer Atmosphäre zum seligen Chor der Gestirne, an deren Unsterblichkeit er teilnimmt. So wird der Mensch noch vor dem Tode der Göttlichkeit und der Vereinigung mit Gott teilhaftig.

Wie sehr die Gedanken des großen Mystikers gezündet haben, zeigt ihre stete Wiederholung in all den Werken, die von poseidonischer Theologie beeinflusst sind. Besonders kommt wieder Philon in Betracht. Auch der Römer Cicero kommt gelegentlich auf diese Frage zu sprechen. So weit verbreitete war die Ansicht der Ekstase. Freilich formt er die Gedanken etwas um, da er zu rationalistisch ist, die Vereinigung der menschlichen Vernunft mit den Astralgottheiten anzunehmen; oder es sind, wie er es tut, unbestimmte Fiktionen wie in platonischen Mythen. Der römische Philosoph Seneca ist darin viel bejahender. Von den Stoikern ist dann diese Lehre weitervererbt worden. Die Astronomen der Kaiserzeit bieten viele Beispiele, so Manilius. der oft erzählte, er habe sich kraft seiner Verwandtschaft mit den himmlischen Feuern zu den Sternen aufgeschwungen. Die Ekstase im Sternenmystizismus ist genau wie die der Gnosis. Wer durch die Unendlichkeit des Raumes fliegt, verachtet diese enge Erde, die Güter der Welt und die Vergnügen der Menge. Die Loslösung von aller Liebe zum Fleische, von allem Irdischen, die Aufrechterhaltung reiner Sitten wird gefordert. Der Sternendienst ist nicht für die große Menge, er ist gleichsam für ein exklusives Priestertum, nur für jene, welche befähigt sind, hart an sich zu arbeiten. In der Ekstase des Sternenmystizismus verlässt der Geist das Gefängnis des Fleisches, schwingt sich, seiner göttlichen Verwandtschaft bewusst, unter die ewigen Sterne auf; mit dem Leib dagegen bleibt der Mensch auf der Erde zurück, aus der er gebildet ist, um mit Hermes Lehren zu sprechen. Auch das gehört, wie sich deutlich zeigen lässt, dem Griechen Poseidonios an, dessen Quelle, wie kann es anders sein, Ägypten ist.

6. Die vier Elemente.

Da der ägyptische Polytheismus seinen mythologischen Ursprung und Mittelpunkt in einem Sonnendienste hatte, und der Sonnengott Ra deshalb auch an die Spitze des obersten Götterkreises gestellt wurde, sprechen wir von einem vierpoligen Sonnenkult.

Die zahlreichen Lokalkulte der einzelnen Städte gingen entweder von dem

Sonnenkulte als besondere Formen desselben aus, oder wurden doch mit ihm in Verbindung gesetzt und ordneten sich ihm unter. Der Sonnengott Re wurde gemäß der Lehre aus Hermopolis durch die Achtheit geboren, die entsprechend im demotischen Papyrus „Die Heimkehr der Göttin" als „seine Väter" beschrieben werden. Die Hauptkultstätte der Achtheit lag in Hermopolis, eine weitere westlich von Theben in einem kleinen Tempel bei Medinet Habu. Als Schöpfer der acht Urgötter gilt nach der hermopolitanischen Lehre der Sonnengott Schepsi.

Ich habe nun eine Stelle aus den Büchern des Hermes angeführt, aus welcher hervorgeht, dass die Götter der drei großen Lokalkulte von This, Memphis und Theben, nämlich Osiris, Phtha und Ammon von der späteren Priesterphilosophie als die Repräsentanten der drei großen Prinzipien des Guten, des Schönen und des Wahren, welches den drei Gunas entsprichen, aufgefasst wurden. Diese stehen in Verbindung mit den vier Elementen, welche polar positiv und negativ gestaltet sind. Diese vier Doppelelemente finden wir nun in zahlreichen Beispielen auf den ägyptischen Denkmälern wieder. Sie werden als ein besonderer Kreis von 8 Göttern dargestellt, immer paarweise, so dass hinter jedem der vier Götter die entsprechende Göttin folgt, in, je nach Zweck, verschiedenen Positionen. Ihre Namen sind den kabbalistischen Gesetzen analog geschrieben worden, alles so, dass sie vollkommen in das Weltgeschehen einfließen können.

Die Urkräfte des Chaos (Akasha) wurden in Hermopolis als 8 urzeitliche Wesen verehrt, die sogenannte Götterfamilie der Achtheit. Sie galten als die kosmischen Urkräfte des Chaos, aus denen alles entstand. Entsprechend ihrem männlichen bzw. weiblichen Geschlecht werden sie in vier Götterpaare unterteilt. Folgende Ordnung und Namensgebung hat sich durchgesetzt:

1. Nun und Naunet (Urwasser)
2. Kuk und Kauket (Dunkelheit bzw. Finsternis – Erde)
3. Huh und Hauhet (Ewigkeit: Raum und Zeit – Feuer)
4. Amun und Amaunet (das Verborgene – Luft).

Bei dem vierten Götterpaar gibt es unterschiedliche Überlieferungen. Amun und Amaunet werden auch als

- Niau und Niaut (die Verneinung, das Nichts) bzw.
- Gereh und Gerhet (der Mangel) oder
- Tenemu und Tenemet (Verschwinden bzw. Weglosigkeit)

beschrieben.

Wie es zu den voneinander abweichenden Namensgebungen kam, ist eine rein kabbalistische Maßnahme. Die Urlaute der Elemente lauten:

- nu
- he
- ka
- ni

Allen unterschiedlichen Überlieferungen haben jedoch eines gemeinsam. Es handelt sich um Negationen, also um Kräfte, die auch vor der Entstehung und Ordnung der Welt (Urhügel) herrschten. Mit dem Gebrauch von Negationen wollten die Ägypter verdeutlichen, dass es am Anfang der Schöpfung nichts gab. Das Positive, also alles, was ist, entstand erst durch die anschließende Schöpfung.

Die männlichen Götter aus der Götterfamilie der Achtheit wurden häufig als Frösche dargestellt, die weiblichen als Schlangen, um ihre Nähe zum Urwasser bzw. Urschlamm auszudrücken.

Als kosmische und personifizierte Götter sind sie als menschliche Wesen mit dem Kopf ihres Tieres zu sehen, um das Charakteristische ihrer Kraft zu verdeutlichen. Die Hautfarbe des männlichen Körpers ist blau, was auf den Status eines Urgottes hinweisen soll.

Andere Darstellungen zeigen die Götter der Achtheit gelegentlich als Affen. Das mag damit zusammenhängen, dass der Anbruch des Tages von den Affen lauthals begrüßt wurde und im übertragenen Sinne durch die *Sprache* den Beginn der Schöpfung einleiteten.

Die Götterfamilie der Achtheit lässt sich bis zum Beginn der ägyptischen Geschichte zurückverfolgen. Ihre Stadt heißt Schmun, was mit die 8 übersetzt wird. Die Achtheit verkörpert ein Ganzes. Nur durch ihr Zusammenspiel sind sie fähig, eine Welt zu erschaffen.

7. Das Wesen und Geschichte der ägyptisch-hermetischen Alchimie.

Musallam, der an Quellschriften herankam, berichtet in seiner *Zauberbibel* von Tatsachen, die wir für dieses Studium wunderbar heranziehen können. So etwas finden wir nur bei ihm, da er ja auch mit Franz Bardon befreundet war. Gemeiniglich wird nämlich angenommen, dass die Alchemie, die lautmagische Herstellung des Steins der Weisen, eigentlich eine mittelalterliche Wissenschaft sei, und dass man erst nachträglich, um ihr mehr Ansehen und Autorität zu verleihen, versucht habe, ihren Ursprung bis ins hohe Altertum zurückzuführen. Ferner begegnet man oft der Behauptung, dass dieselbe eigentlich von einem Fundamentalirrtum ihren Ausgang genommen, indem die Forscher früherer Zeiten die Abscheidung der Metalle aus ihren Erzen und den Platzwechsel der Metalle, welcher z. B. stattfindet, wenn man ein Stück Eisen in eine Kupfervitriollösung legt, für eine wirkliche Verwandlung angesehen habe. Und drittens scheint man es für ausgemacht zu halten, dass Zweck und Absicht der Alchemie von jeher die Veredlung der Metalle gewesen sei.

Diese sämtlichen drei Annahmen oder Behauptungen sind jedoch irrig, und eine Geschichte der Alchemie, die von solchen Vorurteilen ausgeht, muss naturgemäß ein ganz falsches Bild ergeben.

Um sie zu berichtigen, möchte ich vor allem feststellen, dass die Alchemie des Hermes am Anfang überhaupt nicht von praktischen, gleichviel ob richtig oder falsch verstandenen Experimenten ausgegangen ist, sondern zuerst von theoretischen bzw. gedanklichen Erwägungen, ja, ich scheue mich nicht zu sagen: von höheren Eingebungen oder Offenbarungen. Schon die älteste Naturwissenschaft kennt den Aufbau der gesamten Körperwelt aus vier Elementen: Erde, Wasser, Luft und Feuer und von dieser Erkenntnis aus wurde auf rein geistigem Wege die nächsthöhere gewonnen, nämlich die, dass jene vier Grundstoffe selbst wieder auf einen letzten, allgemeinen Urstoff, den Äther, sich zurückführen lassen müssten.

Und die Erforschung und Gewinnung dieses vorerst noch hypothetischen Urstoffes also, den man, als von den bekannten vier Elementen durchaus verschieden, die fünfte Wesenheit oder Quinta essentia (Quintessenz) nannte, bildete die ursprünglichste und wichtigste Aufgabe der Alchemie, da sie ja den Ursprung und das Ziel jeglichen Seins beinhaltet. Allerdings musste sich daraus von selbst der Gedanke ergeben, dass man, einmal im Besitze dieses Urstoffes, mit seiner Hilfe, direkt oder auf einem Umwege über die vier Elemente, imstande sein werde, jeden beliebigen Stoff künstlich herzustellen: Mineralien, Metalle und Gold, sowie aus dem eigenen vergänglichen Körper einen vollkommenen Lichtmenschen herzustellen.

Diese naturwissenschaftliche Erkenntnis und das aus ihr von selbst sich ergebende alchemistische Bestreben ist aber, wie gesagt, uralt. Übereinstimmend wird von den Alchemisten berichtet – und, muss ich hinzufügen, durch die Geheimlehre aller Völker bestätigt – dass der erste, der sich damit beschäftigte, der erste, der alchemistische Grundsätze im obigen Sinne klar ausgesprochen hat, kein anderer war, als der bereits in den obigen Kapiteln wiederholt erwähnte Ägypter Thot, der auch unter dem griechischen Namen Hermes Trismegistos, d. h. Hermes der dreimal Größte, bekannt ist, auf dessen Wesen wir später noch genauer eingehen werden.

Aber dennoch müssen wir im alchemistischen Sinne uns nun mit diesem Übermenschen hier eine nähere Bekanntschaft machen, was ja an und für Sinn dieser Arbeit ist. Der Tscheche und Freund von Franz Bardon, Pierre de Lasenic, hat ein Buch über Thot verfasst, das aber sehr zu wünschen übrig lässt. Dr. Pietschmann hingegen hat in „Hermes Trismegistos – Nach ägyptischen, griechischen und orientalischen Überlieferungen" sich auf interessante Fakten berufen.

Eine der Hieroglyphen von Thot.

Es gibt mehrere Varianten der Schreibweise seines Namens. Eine davon ist Tehuti, dessen Grundform Teh, Tehu, Tehut lautet und mit dem Ibis-Vogel (tehu) in Verbindung steht. Dieser Name hat die Bedeutung: größter Ibis, Doppler-Ibis und steht verwandtschaftlich mit dem Künstler, Vermesser, des messenden Mondgottes in Beziehung. Seine Gemahlin stellt Maat (Hathor) dar, die Göttin der Wahrheit mit dem Federkopf-Schmuck, somit steht er für den Gemahl der Wahrheit! Er wurde auch als Affe mit der Mondscheibe gezeichnet, der Mond stellt den kosmischen Rhythmus in der Fertigung des Roten Löwen dar. Sein Heiligtum war in Theben, in welchen seine Repräsentanten, die Hundskopfaffen, gehalten wurden, wie es heute noch in Indien traditionell der Fall ist, da ja die Gründung aller späteren Reich von Gott Thot ausging, wie Anion in seiner Biografie schrieb.

Die Verehrung von Thot ist einer der ältesten Götterkulte des alten Ägypten und der Kultort war Hermopolis. Seine Bedeutung ist durch Inschriften in Bauwerken und Papyrus-Aufzeichnungen gut belegt. Die Körperfarbe dieses Gottes war gelb bzw. hellfarbig dem Mond entsprechend, aber auch als Totengott tritt er in grüner Leichen-Farbe auf. Seine Beziehung zu Arion besteht im Satz: *„Ich bin A über die ganze Welt aufgegangen als König der Götter!"*

Thot wurde vorwiegend menschengestaltig mit Ibiskopf, als stehender oder hockender Ibis oder als Mantelpavian dargestellt. Andere Abbildungen zeigen die Gottheit auch als weibliche Person mit Ibiskopf oder männliche Darstellung mit Paviankopf oder rein als das Sechem-Zepter.

Bild des Sechem-Zepter.

Von manch einem Ägyptologen wird er als Repräsentant des menschlichen Herzen und der Intelligenz angesehen und er steht auch in der Reihe der neun dem Sephiroth unterstehenden Schöpfergötter.

Ihm gehört der erste Monat des Jahres und dir sechste Stunde des Tages. Thot ist spätestens ab dem Neuen Reich auch der erste Monat der Jahreszeit Achet im alten Ägypten. Als Mondgott, von dem wir später noch sprechen werden, ist er zugleich der Gott der Zeit und der Zeitabschnitte, da diese sich nach dem Mondlauf richten. Dies macht ihn auch zum Messenden, dem Gott des Maßes, was für die Alchemie eine Grundbedingung ist. Er repräsentiert die gleichmäßige Ordnung der Welt, er ist der ihr innewohnende Geist der Ordnung und der Gesetzmäßigkeit. So wird er der Vertreter des Geistes überhaupt und insbesondere der Schutzgott aller irdischen Gesetze. Zugleich ist er der Gott der Intelligenz, der Anordner der gottesdienstlichen Gebräuche, der Lehrer der Künste und Wissenschaften, der Erfinder von Sprache und Schrift, der Schutzherr der Bibliotheken.

Er ist der Herr der Zeit, der das Lebensalter des Menschen festlegt, der die Zahl der Jahre in die Menschen-Wiege schreibt; der Berechner des Himmels und Zähler seiner Sterne, der Berechner der Welt und zählt all dessen, was in ihr ist; er wird zum Herrn über Maß und Zahl! Ihm heilig ist die Elle! Er wird zum Schöpfer des Sonnensystems. Als Gott des Maßes war er beim Bau des inneren und äußeren Tempels immer von Nöten, der als das Ebenbild der Weltschöpfung angesehen wird. Er legt in die Schöpfung Maß, Zahl und Ordnung. Dadurch wird er zum Herrn der Sprache, des Willens und der Zunge des Re, er wird deshalb zum Eröffner des Verborgenen, er wird zum Gott der Schrift (Runen), mit denen alles magisch erschaffen werden kann. Er verkörpert alle bildlichen Darstellungen des Wortes, ist auch der Schutzherr der Bücher und Schriften, wie in Indien jedes Buch dem Ganescha geweiht ist. In einer Stelle heißt es, dass die Bücher als die großen Erkenntnisse des Tehuti heißen.

Auch als Gott der Medizin, der Magie der Sprache und Zauberformeln, wurde er angesehen, denn in Ägypten wurde nur auf diese Weise geheilt und die Kranken behandelt, also mit der Macht des lautmagischen Wortes, wie man es im Ägyptischen Totenbuch immer wieder vorfindet. Da die Verbindung zwischen Heilen-Leben und Krank-Tod gegeben ist, wird er zum Totengott und verschmilzt mit Anubis, und wird dadurch auch zum Anwalt der Toten, zum Wegeöffner, der ihnen im Jenseits weiterhilft.

Mythologisch gesehen erhielt er in der Spätzeit das Epitheton „Silberner Aton". Schreibtafel und Binse sind gewöhnlich seine Attribute und er gilt als Sekretär der Götter sowie als Erfinder der Hieroglyphen. Im Osirismythos war er Schreiber und Wesir des Osiris.

Es existieren Papyri, die besagen, dass Tehuti ein längst verstorbener König gewesen sei. Hermes oder Mercurius wird er bei den Griechen genannt, dessen Planet der Merkur ist, sowie die Namen Taaut und Tauthos. Thot wurde zum Gesetzgeber der Urzeit. Viele sagen ihm die Gründung verschiedener ägyptischer Städte zu sowie alle Wissenschaften nach.

Er soll sich zu den Sternen emporgeschwungen haben. Mehrere Hermes verschmolzen zu einem, weil sein Alter über 1500 Jahre betrug. Das bezeugen alte Schriften, die auch behaupten, dass Hermes wie Henoch in einer gleißenden Lichtsäule gegen Himmel gefahren sei soll.

Es gibt einige Stelen und Säulen von Hermes, wo er sein Wissen verewigte. Auch die Tarotkarten stammen von ihm! Die wahre Größe von Thot, so sagt auch Pietschmann, verblasste im Laufe der Jahrtausende. Es gibt nur noch Bruchstücke und Legenden von ihm.

Ihm wird die Alchemie und deren Abhandlungen und die Lehre der Planetenstrahlen zugeschrieben, das man Strahlenprojektion der Planeten nannte, und einige Bücher über Medizin. In den Pyramidentexten galt Thot als Gott des Westens.

Thot war der Nachfolger von Horus und regierte 3000 Jahre lang friedlich über Ägypten, besagt eine andere Legende mit wahren Kern. Danach stieg er als Mond zum Himmel hinauf, doch ein Dämon fraß beständig von ihm, so dass er von einer periodischen Auszehrung betroffen war, welche die verschiedene Mondphasen ergaben.

Schließlich hat Thot auch eine Bedeutung in der Jenseitsvorstellung der ägyptischen Mythologie. Er ist der Protokollant des Totengerichts und notiert, ob die Verstorbenen würdig sind, in das Reich der Wiederkehr beziehungsweise in das Totenreich aufgenommen zu werden.

Thot wurde in der griechischen Mythologie mit Hermes gleichgesetzt und später mit ihm zu Hermes Trismegistos verschmolzen. In Platons Dialog Phaidros, 274c–275a, erwähnt der Philosoph Sokrates den ägyptischen Gott Theuth (Θεύθ) und dessen Erfindung der Schrift.

Nun aber zurück zu seiner hermetischen Alchemie. Wie wir gesehen haben, ist nicht sehr viel, was freilich die abendländische Überlieferung und Geschichtsforschung über ihn zu berichten weiß. Der französische Philologe Turnebus schickt seiner Pariser Ausgabe (1554) der sogenannten „Hermetischen Schriften" folgende biographischen Bemerkungen voraus: „*Hermes Trismegistos war seiner Herkunft nach ein Ägypter; über seine Eltern aber ist nichts bekannt. Er lebte, wie viele Geschichtsschreiber meinen, vor Pharaos Zeit. Andere, darunter auch Zizero, identifizieren ihn mit dem ägyptischen Thot, der auch ein Zeitgenosse jenes Pharao gewesen sein soll, welcher Annahme ich jedoch aus folgendem Grunde nicht beistimme: Thot soll doch ein ägyptischer König gewesen sein, wie Pharao; dann hätte also Ägypten gleichzeitig zwei Könige haben müssen. Daraus ergibt sich, dass Thot entweder vor oder nach Pharao gelebt haben muss. Nach ihm aber ist er in der Königsliste nicht zu finden. Also muss er vor ihm gelebt haben, d. h. also auch vor Moses. Wie es heißt, soll er sein Vaterland verlassen und die ganze Welt durchwandert haben, der Tugend und der Weisheit nachstrebend. Er soll die Menschen gelehrt haben, an einen Gott zu glauben und diesen als den Schöpfer und Erzeuger alles Seienden zu verehren. Nach seiner Rückkehr in die Heimat habe er dann viele Schriften über die mystische Philosophie und Theologie verfasst, wovon einige an seinen Sohn Tat, andere an seinen Lieblingsschüler Asklepios gerichtet sind.*"

Die nächste Ausgabe der pseudohermetischen Schriften stammt von Franziskus Flussas (Bordeaux 1574), der sich über ihren vermeintlichen Verfasser wie folgt vernehmen lässt: „*Johannes Functius bezeugt in seinem Geschichtswerke, dass Hermes Trismegistos 21 Jahre vor der mosaischen Gesetzgebung gelebt habe, zur Zeit des Auszuges der Juden aus Ägypten. Das dürfte allerdings nicht stichhaltig sein. Denn bei den Alten galt es für ausgemacht, dass dieser Hermes deshalb der dreimal Größte genannt werde, weil er nach der Gepflogenheit der Ägypter als größter Philosoph zum Priestertum berufen werden und als Oberster Priester zur Königswürde gelangt sei: Als Philosoph, Priester und König heißt er also der dreimal Größte. Die Altertumsforscher behaupten übrigens, es habe mehrere des Namens Hermes gegeben, welcher von diesen aber der dreimal Größte gewesen, lasse sich nicht feststellen. Seine eigenen Schriften bezeugen nun, dass er von Uranos und Kronos (Nimrod) abstamme; auch wird er als Erfinder der ägyptischen Schrift genannt. Da nun Moses bereits die ägyptische Weisheit gelernt hat, was ohne Schrift schwer möglich wäre, so muss jener wohl vor Moses gelebt haben. Auch könnte er sonst nicht ein Sohn des Kronos sein, denn dieser lebte zur Zeit des Sarug, des Urgroßvaters des Abraham. Daher müsste Hermes Trismegistos ungefähr zu Abrahams Zeiten gelebt haben... "*

Als dritter mag nun Patricius zu Worte kommen, der 1591 die pseudo-hermetischen Schriften zu Ferrara herausgab: *„Es scheint aber, "* sagt dieser, *„Hermes Trismegistos ein Zeitgenosse des Moses gewesen zu sein, nur ein wenig älter. Denn Ersebius schreibt in seiner Geschichte, dass Kath (= Tat), des Trismegistos Sohn, zur Zeit des Königs Armaus gelebt habe; das war aber ungefähr 20 Jahre vor Moses Tode. "*

Wie stellt sich nun die neuere Geschichtsforschung zu dieser Streitfrage, über welche die ältere so viele einander widersprechende Meinungen zutage gefördert hat? – Hier muss vor allem hervorgehoben werden, dass zwar die Echtheit jener unter dem Namen des Hermes Trismegistos in griechischer Sprache erhaltenen Schriften heute außer jedem Zweifel steht. Es sind aber nur die spärlichen Reste seiner Lehren, denn ihrer sind im ganzen 14; die wirkliche Zahl seiner Bücher wird aber von den Alten auf rund 40.000 angegeben. Das scheint übertrieben, aber unmöglich ist es nicht, wenn man in Betracht zieht, dass, was man in Ägypten Bücher nannte, nur längere oder kürzere Papyrusrollen waren, und wenn man dazu vergleicht, was neuere Vielschreiber, z. B. Hans Sachs, geleistet haben. Was den wirklichen Ursprung jener pseudohermetischen Schriften anbelangt, die teils Reden des Hermes an Tat oder Asklepios, teils Dialoge zwischen ihm und einer dieser beiden Personen sind und Betrachtungen über die Gottheit als das Alleine, über Seele, Seelenwanderung und

Wiederverkörperung u. ä. enthalten, so erkennt der philologisch und philosophisch geschulte Leser auf den ersten Blick, dass es sich hier um Übersetzungen älterer ägyptischer Werke handelt. Aber, das muss ich zugeben, handelt es sich hierbei auch um griechische Originalschriften aus dem letzten Jahrhundert vor oder aus dem ersten Jahrhundert nach unserer Zeitrechnung, die in geschickter Weise für die neuplatonischen, also pantheistischen Ideen jener Epoche Propaganda machen, aber dennoch die hermetische Grundlage der universellen Philosophie vermitteln.

Bezüglich der Person des wirklichen Hermes Trismegistos aber nimmt man jetzt gewöhnlich an, dass derselbe mit jenem Thot identisch sei, dass es also tatsächlich in grauer Vorzeit einen weisen Mann dieses Namens gegeben habe, der den Grund zu der ägyptischen Wissenschaft und dem ägyptischen Schrifttum gelegt hatte und von den späteren Geschlechtern seiner Weisheit wegen zu den Göttern gezählt wurde.

An diese Auffassung lässt sich nun ohne Weiteres anknüpfen, was die Geheimlehre der Weisen von Bit Nur (Shamballa) über Thot oder Hermes Trismegistos berichtet. Nun zur betreffenden Stelle des „Sifr Makriun – Buch der Auserwählten": *„Im dritten Jahrhundert des ersten Jahrtausends des fünften Äons lebte im Lande Mazrun der weise Ta´ut, der vermeintliche Sohn des Königs Naschti und sein Nachfolger. Es hatte ihn aber Nu, seine Mutter, des Königs erste Gemahlin, heimlich empfangen im Tempel des Sib. Denn dem Dämon hatte wohlgefallen ihre Schönheit, dass er sich legte zu ihr. Und Ta´ut wuchs heran und zeichnete sich aus durch Weisheit, und war bald kein Lehrer im Lande, der ihn lehren konnte. Und nach einiger Zeit trieb ihn der Geist, dass er selbst anhub zu lehren. Und sammelte Jünglinge und Jungfrauen um sich, die edelsten der edlen. Es war aber ihre Zahl sieben, drei Jünglinge und vier Jungfrauen. Die Jünglinge waren: Imutif, Mut und Faramut; die Jungfrauen: Chasifit, Nahamit, Tafnit und Tamit – sie alle nicht von menschlichen Vätern gezeugt, sondern, gleich Ta´ut, von Dämonen. Und die Jünglinge vereinigten sich mit den Jungfrauen und zeugten Kinder, denen sie ihre Weisheit überlieferten: Ta´ut mit Chasifit, Mut mit Tafnit, Imutil mit Nahamit und Faramut mit Tamit. Und Ta´ut schrieb viele Bücher, darunter ein Buch der Weissagung und ein Buch der Verwandlungen. Und aus dem Buch der Verwandlungen ward herausgenommen die große Formel und eingegraben auf eine Tafel von Smaragd. Und Ta´ut zeugte mit seiner Schwester Chasifit einen Sohn und eine Tochter, Ta´ut und Farfarit, die nach ihm über Ägypten herrschten. Und seines Sohnes Sohn war Manut, der erste König der*

Reihe..."
Diese für die ägyptische Geschichte hoch wichtigen Angaben bedürfen einer eingehenderen Erklärung. Das Sifr Makriun, in welchem sie sich finden, stellt eine Art biographisches Lexikon dar und verzeichnet die Begründer und Verbreiter der Geheimlehre von den ältesten Zeiten bis ungefähr 1000 v. u. Z. Die Bearbeitung, in der es uns vorliegt, stammt von Sakkunjatan von Berytos, der uns bereits aus der Broschüre von Musallam über *Chartomantik* bekannt ist und für seine mythologischen, historischen u. a. Werke die ältesten und zuverlässigsten Quellen benutzte.

Was nun zunächst die Zeitangabe, im dritten Jahrhundert des ersten Jahrtausends des fünften Äons betrifft, so wissen wir, dass damit symbolisch gesehen das 47. Jahrhundert v. u. Z. gemeint ist. Denn der 5. Äon, auch der Äon des Anderen genannt, beginnt sinnbildlich mit dem Jahre 5000 v. u. Z. und mit ihm die eigentliche Geschichte. Denn was vorher gewesen, das goldene Zeitalter unter Adonis und Dido, ist dem menschlichen Erinnerungsvermögen entrückt. Der Name Mazrun (hebr. Mizraim, arab. Masr) aber bezeichnet das Land Ägypten. Nun sind wir bekanntlich, was die älteste ägyptische Königsgeschichte anbelangt, noch immer auf Herodot und Manetho angewiesen, deren Angaben sich zum Teil widersprechen: Beide nennen als ersten König des sogenannten alten Reiches Menes, aber nach Manetho müsste derselbe um 5800, nach Herodot um 3500 v. u. Z. gelebt haben, ja neuere Geschichtsforscher, die jene beiden miteinander in Einklang zu bringen suchen, schwanken sogar zwischen 6500 und 2000. Durch das Sifr Makriun wird diese Streitfrage endgültig entschieden, denn es heißt von Ta´ut ausdrücklich: seines Sohnes Sohn war Manut (Menes), der erste König der Reihe (d. h. des überlieferten Königsverzeichnisses) ... Demnach muss Menes um 4600 v. u. Z. gelebt haben. Aber es gab vor ihm noch weitere Könige!

Kehren wir nun zur Biographie des Ta´ut zurück. Seine Mutter war Nu, die Gattin und vermutlich zugleich Schwester (denn im alten Ägypten war, besonders in den königlichen Familien, die Geschwisterehe üblich) des Königs Naschti. Aber der letztere war nur der vermeintliche Vater des Ta´ut; als sein wirklicher Erzeuger wird der Dämon, die Gottheit Sib genannt, der dem phönizischen Chazur, dem griechischen Kronos entspricht, so dass also die Angabe des pseudohermetischen Buches „Der Schlüssel", wo dies ebenfalls verzeichnet war, dadurch bestätigt wird.

Der Ausdruck: „des Königs erste Gemahlin" scheint darauf hinzudeuten, dass König Naschti ihrer mehrere hatte. Die weiter unten aufgezählten

Namen der Jünger und Jüngerinnen des Weisen sind gleichfalls in der Geschichte überliefert; sie lauten dort: Imuteph, Mui, Pharmuti, Chaseph, Nehimen, Taphne und Tme, und bilden zusammen mit Thot selber, den Zyklus der acht sogenannten irdischen Gottheiten, der Begründer von Kunst und Wissenschaft, der Ordner des staatlichen und gesellschaftlichen Lebens, wie es auch in chinesischen Legenden verzeichnet ist. Imuteph wurde übrigens in der Tat mit dem griechischen Asklepios identifiziert!

Was uns jedoch hier am meisten interessiert, sind die Sätze in der zweiten Hälfte des biografischen Artikels: *„Und Ta'ut schrieb viele Bücher, darunter ein Buch der Weissagung und ein Buch der Verwandlungen."* Und sollten wir ja noch zweifeln, dass unter dem *Buch der Verwandlungen* eine Abhandlung über die Verwandlungen der Stoffe, also ein alchimistisches Werk zu verstehen sei, so gibt uns der nächste Satz hierüber klaren Aufschluss: *„Aus dem Buch der Verwandlungen ward herausgenommen die **große Formel (Waswasa kabira)** und eingegraben auf eine Tafel von Smaragd (Lich Izmargad)."* – Diese Tafel von Smaragd, Tabula Smaragdina, spielt nämlich in der alchemistischen Überlieferung eine wichtige Rolle. Sie wird schon von den ältesten Alchemisten erwähnt und dem Hermes Trismegistos zugeschrieben. Die auf ihr eingegrabene Formel auch immer wieder zitiert, aber ihre Echtheit blieb solange fraglich, bis bekannt wurde, dass das Original im Museum von Bit Nur noch vorhanden ist. Ich will hier auch gleich ihren Wortlaut geben, wie er in alchimistischen Werken gewöhnlich angeführt wird: *Wahr ist, sicher und ganz gewiss: Das Obere hat die Natur des Unteren und das Aufsteigende die Natur des Absteigenden. Verbinde es auf einigem Wege und durch Verteilung. Die rötliche Sonne ist jener Ehe Vater und der weiße Mond die Mutter; drittens kommt hinzu, als Herrscher, das Feuer. Das Grobe mache fein und verdicke es wieder. So wirst du haben den Ruhm dieser Welt.*

Dies also ist der überlieferte Wortlaut, welcher jedoch von der Originalinschrift auf der Smaragdtafel beträchtlich abweicht. Aber gerade der eine Satz, der in beiden Texten fast wörtlich übereinstimmt: Das Untere hat die Natur des Oberen und das Obere die Natur des Unteren, gerade dieser hat den Erklärern allezeit die meisten Schwierigkeiten bereitet. Wir werden Weiters noch sehen, dass derjenige, der ihn zuerst niedergeschrieben, bereits einen so tiefen Einblick in die Struktur der Materie besessen haben muss, wie er uns, nach einem langen Umhertappen im Dunkeln, erst durch die allerneuesten chemischen Forschungs-ergebnisse, besonders auf dem Gebiete der Radioaktivität, wieder eröffnet wurde.

Ferner darf nicht unerwähnt bleiben, dass auch in der Grundauffassung jener Inschrift gemeiniglich ein Missverständnis obwaltete: Man nahm sie als eine Art Rezept für die Bereitung des Steins der Weisen oder der Universaltinktur, und nicht für das, was sie wirklich ist: eine magisch-runische Verwandlungsformel. Die Chakimim des Bit Nur haben sie richtiger verstanden, was schon daraus hervorgeht, dass sie in der chaldäischen Übersetzung der Biographie des Ta´ut sie eine *Waswasa* nennen und sie auch in das Sifr Waswasat *(Sammlung der Zauberformeln)* aufgenommen haben. Im Chaldäischen heißt nämlich waswas *flüstern*, das mit *raunen* gleichgesetzt werden kann: *Waswasa ist also eigentlich etwas Geflüstertes und dient zur Bezeichnung der magischen Sprüche, weil diese meist mit halblauter, d. h. geheimer Stimme hergesagt werden.*

Und nun glaube ich unsern Hermes Trismegistos im alchemistischen Sinne ausführlich genug behandelt zu haben. Ich konnte mich über ihn jedoch unmöglich kürzer fassen, da er tatsächlich der Begründer der Alchemie und seine Tabula Smaragdina im wörtlichsten Sinne der Grundstein des ganzen hermetischen Gebäudes ist. Mit Recht wird also die Alchemie als eine altägyptische Wissenschaft bezeichnet.

II: Seine Schöpfungen:
1. Des Hermes lautmagische Werke:

Das ägyptische Totenbuch oder *Buch vom Heraustreten in das Tageslicht* oder *Herausgehen am Tage*, ist eine Sammlung von Zaubersprüchen, Beschwörungsformeln und liturgischen Anweisungen, das ursprünglich von Hermes verfasst worden ist. Somit stellt es ein kabbalistisches Werk dar, da alle darin befindlichen Götternamen und Verse eine schöpferische Qualität beinhalten. Eine Zusammenstellung dieser Schrift wurde 1842 von Karl Richard Lepsius als „Todtenbuch der alten Ägypter" nach der großen ptolemäischen Handschrift aus Turin herausgegeben. Dieser Name wurde von Édouard Naville beibehalten, der 1883 eine Sammlung dieser Sprüche aus Handschriften des Neuen Reichs publizierte.

Ich will nun aufgrund des Inhaltes die lautmagischen Elemente hervorheben, die diesem Werk die hervorragende Qualität verleihen. Im Gegensatz zu den Unterweltbüchern Amduat, Höhlen-, Grüfte- und

Pfortenbuch bittet der Verstorbene als Ba-Seele um Einlass in die Unterwelt. Die verschiedenen Tore dienen dem Schutz von Osiris, da nur jene Verstorbene in die Unterwelt eintreten dürfen, *die rein sind und die Namen der Tore, der Hüter, kennen!* Bevor nun die Ba-Seele sich frei in den Sphären bewegen kann, müssen zahlreiche Prüfungen bestanden werden. Den Abschluss bildet das Totengericht, das über die erbrachten Leistungen im Leben urteilt und nach positiver Einschätzung die Ba-Seele des Verstorbenen in das Gefolge des Sonnengottes Re übertreten lässt. Mit der Zeit entwickelte sich der Brauch, dieses lautmagische Spruchgut auf Papyrusrollen zu schreiben und diese in den Sarg zu legen oder in die Mumie mit einzuwickeln.

Bereits vor Tausenden von Jahren entstanden beim Bau der Pyramiden die ersten Sprüche dieser Art, sie sind auf den Innenwänden der Grabkammern der Pyramiden angebracht gewesen und werden deshalb als Pyramidentexte bezeichnet. Diese Sprüche waren also zuerst nur Pharaonen bzw. den Novizen der Mysterien zugänglich. Gegen Ende des Alten Reiches kam es zu einem Umbruch. Die Sprüche und Rituale, die ehedem ausschließlich in den großen Einweihungszentren praktiziert wurden, waren von nun an auch anderen Menschen zugänglich, um die Sterblichen in den Kult einzubeziehen. Es wurden solche Texte deshalb verbreitet auch auf Särgen angebracht. Diese Texte werden, obwohl oftmals identisch mit den Pyramidentexten, als Sargtexte bezeichnet. Es wurden religiöse Texte bezüglich des Toten dann vereinzelt auch auf Leichentücher geschrieben bzw. die Papyrusrolle wurde das normale Medium für das Totenbuch.

Die Entstehung des Totenbuchs als Sammlung von etwa 190 Sprüchen geht zu einem großen Teil auf diese Periode zurück. Wie wichtig die Rituale waren, zeigt ein Auszug aus einer Rubrik zu Kapitel 162. Es geht um einen Spruch, der auf einer Papyrusrolle unter den Kopf des Verstorbenen gelegt werden soll, um ihn die Astralebene beherrschen zu lassen bzw. ihn darin den Eintritt zu gewähren, als dessen Hüter der Widdergott tätigt war.

*O **Amon, Amon!** Vom Himmelsgewölbe*
Schaust du zur Erde herab.
Wende dein strahlendes Antlitz zur starren, leblosen Hülle
Deines Sohnes, des vielgeliebten!
Mache ihn kräftig und siegesbewusst
In den Unteren Welten!

33

Dieser runische Spruch bedeutete für die alten Ägypter ein großes Mysterium. Niemand sollte ihn nach Ausfertigung jemals vor oder nach der Beerdigung des Verstorbenen erneut sehen, und im Glauben der Ägypter wäre es fürchterlich gewesen, wenn er allgemein bekannt geworden wäre. Deshalb galt es ihn vor der Beerdigung zu verbergen, da seine Bezeichnung auch lautete: *„Der Spruch der verborgenen Wohnstätte"*.

Das Ägyptische Totenbuch ist ein wichtiges Zeugnis der ägyptischen Mythologie. Es zeigt, dass der Tod nicht nur ein wichtiger Teil des alltäglichen Lebens war, sondern auch, dass die Menschen eine gänzlich andere Vorstellung vom Sterben hatten als heute. In den Tod einzutreten hieß, ins Astralreich einzutauchen, um zu lernen! Viele der Sprüche sollen dem Toten helfen, göttlich zu werden, um dadurch ein schöpferisches Leben im Jenseits wie vorher im Diesseits führen zu können und sogar in die Beziehungen zwischen Göttern einzugreifen und das Schicksal zu ändern. Als Ziel des Toten gilt auch, im Jenseits Unsterblichkeit zu erlangen, das kein Selbstverständlichkeit war, und sich in jedes beliebige Geschöpf verwandeln zu können – durch jeweilige Zaubersprüche. Die Sprüche sollten weiterhin den Verstorbenen

- vor Dämonen schützen;
- vor Fallen der Götter schützen;
- vor dem Feuersee, der Hölle bewahren;
- befähigen, zwischen Diesseits und Jenseits zu pendeln;
- befähigen, im Jenseits zu wohnen bzw. zu wirken;
- befähigen, Wasser, Nahrung, Opfergaben etc. im Jenseits zu nutzen;
- das Wissen, um ins Jenseits zu geleiten durch geographische Kenntnis der Orte im Jenseits;
- das Wissen der Namen der Götter und wichtiger Gegenstände (wie beispielsweise der Pforte ins Jenseits);
- sich den Göttern gleichstellen und mit ihnen bekanntmachen.

Es gibt Parallelen zwischen den Vorstellungen der aktuellen Religionen vom Tod und den Altägyptischen. Im ägyptischen Totenbuch kann unter anderem das negative Sündenbekenntnis nachgelesen werden. Der Tote berichtet dabei den 42 (42 +7 = 49!) Richtergöttern beim Totengericht, welche Freveltaten er nicht begangen hat, um überhaupt Einlass ins Jenseits zu erlangen, denn die Richter bestimmen, ob der dafür notwendige Ausgleich vorhanden ist.

Nicht hab ich bewirkt das Leiden der Menschen,
Noch meinen Verwandten Zwang und Gewalt angetan.
Nicht habe ich das Unrecht an die Stelle des Rechtes gesetzt,
Noch Verkehrs gepflegt mit dem Bösen,

heißte es dort. Viele der Sprüche enthalten eine Rubrik, die ihren Zweck beschreibt und die Art, wie sie rezitiert werden sollen. Ein Beispiel aus Kapitel 135: *„Wenn der Verstorbene dieses Kapitel kennt, wird er in der Unterwelt zu einem geheiligten Geiste werden; er wird dort nicht zum zweiten Male sterben; zu Osiris Füßen sitzend wird er dort seine Nahrung empfangen..."*

Insgesamt gab es 43 verschiedene Götter im Totengericht des ägyptischen Totenbuchs, die in der Halle der Vollständigen Wahrheit über die Verstorbenen richteten. Jede Gottheit besaß einen individuellen sinnreichen Namen und war für ein bestimmtes Verbrechen verantwortlich. Diese reichten von Mord und Habgier bis zu religiösen Übertretungen wie Gotteslästerung oder Beschädigung des Bildnisses eines Gottes. Außerdem war jeder Totenrichter nach einer geographischen Region oder einem anderen bestimmenden Merkmal aufgeführt. Manche Namen erinnerten auch an bekannte Götter, z. B. *„Du mit dem Schnabel [...] aus Hermopolis (Thot) oder Weißzahn (Sobek)."*

Bereits in den Pyramidentexten wurden jenseitige Urteile durch ein Göttertribunal ausgesprochen. Eindeutige Hinweise gibt es allerdings erst seit den Sargtexten und im Totenbuch. Erst dort galt das gefällte Urteil als entscheidender Punkt beim Eintritt des Toten ins Jenseits. Im Spruch 125 musste der Verstorbene durch das negative Sündenbekenntnis vor jedem der 42 beisitzenden Totenrichter seine Unschuld beteuern.

Darstellungen der Totenrichter finden sich häufig auf Vignetten des 125. Totenbuchspruchs, wobei meist nur eine repräsentative Auswahl der Gottheiten gezeigt wird. Die Götter werden meist hockend als sitzende Gottheit oder stehend in ganz bestimmten und rituellen Stellungen als Ausdruck ihres Amtes dargestellt und tragen entweder Messer oder Maat-Federn als richterliche Symbole.

Der Glaube an ein Leben nach dem Tod, dem eigentlichen Leben, ist eines der wichtigsten Merkmale der altägyptischen Kultur. Über die Jahrtausende hinweg haben sich dabei die Bestattungssitten stark verändert. Grundsätzlich lassen sich drei Objektgruppen unterscheiden, die ins Grab

gelegt wurden:
1. Objekte, die schon im täglichen Leben benutzt wurden (z. B. Schmuck).
2. Objekte, die speziell für eine Bestattung hergestellt wurden (z. B. der Sarg).
3. Objekte, die bei religiösen Ritualen während der Bestattungsfeierlichkeiten benutzt und dann mit dem Toten begraben worden sind.

Je nach Periode und sozialem Status des Toten sind die einen oder anderen Objekte bevorzugt mit in das Grab gelegt worden. In frühester Zeit sind die Toten meist in Gruben in ritueller Hockerstellung beigesetzt worden. Grabbeigaben sind einige Gefäße, die sicherlich Nahrung für alle Ewigkeit sicherstellen sollten. Daneben finden sich Schminkpaletten, Schmuck für Frauen und Waffen für Männer. Das Leben im Jenseits wurde als Fortsetzung des Lebens auf der Erde angesehen und alles was als wichtig angesehen wurde, wurde mit ins Grab gelegt. In den Grabkammern hoher Beamter fanden sich deshalb Möbel, Spiele und viele hunderte von Vorratsgefäßen, die das ewige Leben erleichtern sollten. Nur wenige Gegenstände sind anscheinend direkt für das Grab speziell angefertigt worden.

Mit der geistigen Erkenntnis ist eine Veränderung in den Bestattungssitten feststellbar. Der König (Pharao) und hohe Beamte steckten alle Energie in den Bau des Graboberbaues (Pyramide, Mastaba), das als Gebäude für rituelle Festlichkeiten zum Übertritt ins Astralreich genutzt wurde. Als Grabbeigaben finden sich meist nur ein einfacher Sarkophag, ein paar Töpfe, etwas Schmuck und einige Modellwerkzeuge. In dieser Zeit lassen sich auch verstärkte Bemühungen feststellen, den Körper des Toten zu mumifizieren (Mumie), um ihm drüben ein langes Leben zu gewähren. Die Dinge, die vorher mit ins Grab gegeben wurden, sind nun an den Wänden der Mastabas dargestellt worden. Zu den Glaubensvorstellungen dieser Zeit kann bisher wenig gesagt werden. In kurzen Texten in den Gräbern werden verschiedene Gottheiten, vor allem Anubis, der Hüter des Astrals, genannt. Die Götter werden darum gebeten, dem Toten ein schönes Begräbnis zu gewähren und ihm ewige Nahrungsfürsorge zu gewährleisten.

Mit der Zeit wurden die Grabkammern der Pyramiden mit Texten gefüllt, Särge sind nun häufiger beschriftet und auch einige Grabkammern von Beamten sind mit Texten und mit Bildern von Grabbeigaben versehen. Es werden nun auch mehr Objekte mit ins Grab gelegt. Bei hohen Beamten sind dies oft Instrumente, die mit dem heiligen Totenkult zu tun haben, während ärmere Leute oftmals mit Statussymbolen oder Zeichen ihrer Identität versehen werden (bei Frauen z. B. Schmuck). Wie in der ganzen ägyptischen Geschichte finden sich niemals Objekte, die mit dem Beruf des Toten in Verbindung stehen. Es entwickelte sich nämlich eine Standardgrabausstattung. Der Tote liegt in einem Sarg mit einer Mumienmaske über dem Kopf. Neben dem Sarg finden sich Holzmodelle von Dienerfiguren (Uschebti), die die Herstellung von Nahrung und Gerät darstellen und sich im geistigen Reich verwirklichen sollen. Särge von wohlhabenden Personen sind außen und innen oftmals mit langen religiösen Texten versehen. In dieser Zeit findet man immer mehr Belege dafür, dass zumindest einige Tote als Osiris zum leichteren Übertritt ins Astrale identifiziert wurden. Der Tote wird als solcher in den Sargtexten bezeichnet und auf den Sarginnenseiten finden sich Geräte gemalt, die ihn mit diesem Totengott gleichsetzen.

In anderen Kulten verschwinden die Dienerfiguren aus den Grabkammern und der Tote wurde stattdessen mit magischen Objekten ausgestattet, die anscheinend schon im Alltag Schutz boten. Eine typische, aber nicht häufige Beigabe sind die sogenannten rituellen mit Symbolen versehenen Zaubermesser, die im Leben Mutter und Kind beschützen und diese Aufgabe auch im Totenreich hatten. Denn man kann vom Irdischen aus die Toten im Jenseits noch beeinflussen, weswegen manche hohe Fürsten geweihte Götterstatuten mit ins Grab nahmen, um sich vor magischen Angriffen zu schützen, wie es bei Tutanchamun war. Andere typische Beigaben sind kleine Fayencefiguren von Tieren, die die Qualitäten der Gottheit darstellten. Es gab nur wenige Grabbeigaben, die direkt für das Grab hergestellt wurden. Daneben gab es den Sarg, Uschebtis, Kanopenkrüge und das sogenannte Totenbuch. Die Grabkammern dieser Zeit sind wegen der vielen Haushaltsobjekte besonders reich ausgestattet gewesen, wie beispielsweise das Grab des Tutanchamun mit seinen vier göttlichen Schwestern, die im Schrein gestellt wurden.

In der Ramessidenzeit wurde der Tote nun fast ausschließlich mit Objekten ausgestattet, die speziell für das Grab hergestellt worden sind. Darunter sind vor allem Amulette zu nennen, die nun immer bedeutender werden. Auch die Anzahl der ins Grab gelegten Uschebtis steigt. Diese Reduzierung fällt besonders bei den Bestattungen armer Bevölkerungsschichten auf, da diese nun fast beigabenlos sind. Diese waren auch nicht magisch geschult wie die Priester und der weltliche Adel! Durch die Einweihung scheint der

Tote nun voll und ganz mit Osiris identifiziert zu werden. Aber die Versorgung des Toten mit Nahrung tritt in den Hintergrund, sie wurde im Totenreich gewährleistet und brauchte nicht durch Nahrungsopfer bestimmt werden. Als Helfer in der Unterwelt sind die Uschebtis zu werten, die nun immer wichtiger werden. Es kommen sogar sogenannte Kopfscheiben auf, runde Papyrus- oder Metallscheiben, die mit religiösen Texten beschriftet waren und unter den Kopf der Mumie gelegt wurden, um eine Verbindung zwischen Erde (Hinterkopf – Unterbewusstsein = Jenseits) und dem Astralreich herzustellen.

Die gesamten Kulte wurden von Hermes begründet, dessen Lieblings-Schüler sie umsetzte und alles, aber alles bis ins Detail aufschrieb. Nur wurden und werden diese Papyri nicht übersetzt, wie mir ein englischer adeliger Freund, der leider mittlerweile verstorben ist, mitteilte. Dieser hatte aufgrund seines Standes uneingeschränkten Einblick ins Britische Museum.

Heliopolis, die Sonnenstadt, altägyptisch Iunu, alttestamentlich On, war bereits seit dem frühen Alten Reich eine altägyptische Stadt in Unterägypten nordöstlich des heutigen Kairo, in welcher der bedeutende Atum- und Re-Harachte-Tempel sowie das „Haus des Benu" stand. Als „Herr von Heliopolis" wurde der Schöpfungsgott Hu verehrt. In Heliopolis kamen die Götter zur Ratsversammlung, da nach der ägyptischen Mythologie Heliopolis der Urhügel war, der als erster aus der Urflut auftauchte. Hier sind auch die Götter entstanden, weshalb dieser Hügel ein Symbol für die goldenen Tempel ist! Der ägyptische Schöpfungsmythos hatte monumentale Folgen, denn auf dem Urhügel entstand der größte Tempelbezirk Ägyptens. Umfassungsmauern von bis zu 17 Metern Stärke und mehr als zehn Metern Höhe umschlossen schließlich eine Fläche von einem Quadratkilometer. Weltweit bekannte Obelisken stammen von hier.

Der Sonnengott Re ist archäologisch in Heliopolis bezeugt. Die Fragmente der Djoser-Kapelle belegen zwar einen älteren Tempel, jedoch handelt es sich um die Reste eines kleinen Schreins oder Kästchens zwecks Verehrung einer Kultstatuette des Königs Djoser, unter dem Imuteph der Pyramidenerbauer war. Der dazugehörige Text bezieht sich indirekt auf Re, er stellt die Götterrede einer Göttergemeinschaft dar; wahrscheinlich der Neunheit von Heliopolis als verantwortliche Götter für die Verleihung von königlichen Sedfesten.

Mit seinem theologisch-kabbalistischen Konzept der Neunheit von Heliopolis gehörte die Sonnenstadt bis in die Spätzeit zu den religiösen

Zentren des ägyptischen Reiches, häufig in Konkurrenz zum oberägyptischen Theben (oberägyptisches Iunu). Josef soll der Überlieferung der Genesis zufolge die Tochter des Hohenpriesters von Heliopolis geheiratet haben. Nach Flavius Josephus wies der Pharao dem Jakob und seinen Söhnen Heliopolis als Wohnsitz an, wo auch die Hirten des Königs Weideplätze hatten. Pythagoras, Platon, Eudoxos von Knidos und andere Griechen sollen hier studiert haben, um den Hauch des Ewigen einzuatmen.

Obwohl sehr vieles von damals abtransportiert wurde, lagern dort heute noch immer ungeahnte Mengen altägyptischer Zeugnisse.

Im Gegensatz dazu war im Alten Reich Hermopolis, die Stadt des Hermes bekannt, und wird es in Zukunft wieder werden! Die Griechen identifizierten den altägyptischen Gott Thot mit Hermes, und bildeten bereits ein Kultzentrum für Thot. Dort befanden sich auch große Tempelanlagen und mehrere Kapellen innerhalb des Thotbezirkes lassen sich Ramses III. zuschreiben. In der Saïtenzeit wuchs der Thot-Kult weiter an, und unter Nektanebos I. wurden Neubauten und Restaurierungsarbeiten im Tempelbezirk durchgeführt. Mehrere Tempel sind heute so gut wie vollständig verschwunden. Sie bestand aus zwei Reihen von jeweils sechs Säulen und bildete den Eingang zu einem sonst weitestgehend verschwundenen Tempel, von dem sich nur noch einige Blöcke der Fassade fanden. Doch auch dies wird eines Tages, wenn sich Akasha immer mehr und mehr manifestieren wird, wieder neu errichtet werden.

Der Pavian-Gott Thot.

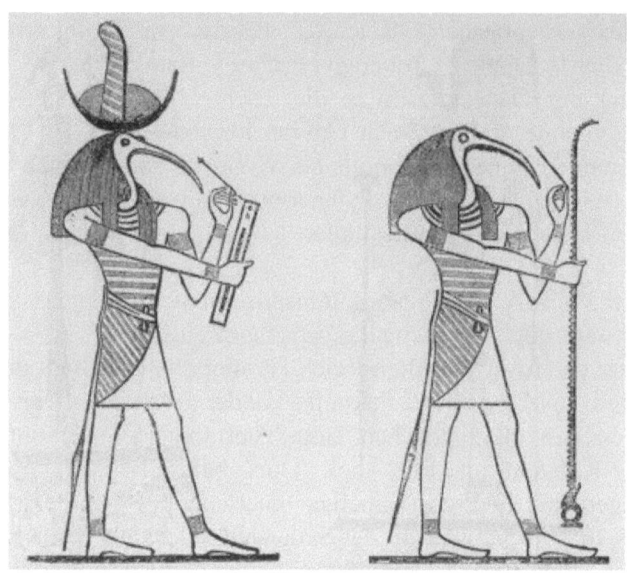

Thot in Ibisgestalt.

Der Hauptgott von Hermopolis war der Mondgott Thot, der „Herr von Chemenu", als dessen heilige Tiere Pavian und Ibis gelten. Die Griechen setzten ihn mit Hermes gleich.

Der Gott des Wissens und Schreibens erhielt als Stadtgott die lokale Rolle des Schöpfergottes. Seine Gemahlin war ursprünglich wohl die hasengestaltige Göttin Unut, die „Herrin von Wenu", die zur Zeit des Neuen Reiches dann Nehemetawai wird. Im Mythos von Horus und Seth hat er die Rolle des Schiedsrichters zwischen den beiden inne. Des Weiteren ist der Gaugott Aha belegt, sowie Schepsi in Chemenu, der *lunare* Züge trägt. Chemenu, der ägyptische Name der Siedlung, bedeutet Achtheit, was für eine achtköpfige Göttergruppe von Hermopolis steht. Deren Gestalten tragen Schlangen-, Frosch- und Widderköpfe und verkörpern, wie oben schon beschrieben, die vier Elemente.

Selbst der Totenkult geht auf Thot zurück. Abydos, am westlichen Nilufer, 160 Kilometer nördlich von Luxor wurde der Ort dem 8. oberägyptischen Ta-wer-Gau zugerechnet und war eine der bedeutendsten Nekropolen des Landes und entwickelte sich zum Hauptkultort des Gottes Osiris und diente als Austragungsort für die jährlichen Osiris-Mysterien.

Der Name Abydos kommt vom Altgriechischen, den griechische Geographen von Abydos in Kleinasien wohl aufgrund des dem altägyptischen Namen ähnlichen Klangs übernommen haben. Beide Orte haben ansonsten nichts miteinander zu tun. Das altägyptische Abedju heißt vermutlich so viel wie der Hügel des Reliquars, ein Ort für kultische religiöse Verehrung irdischer Überrest des Körpers, der Körperteile oder der Gegenstände von Heiligen oder Götter.

In antiker Zeit wurden auf Friedhöfen häufig Hunde und Schakale angetroffen und sie wurden als gottähnliche Wächter der Nekropole betrachtet. In Abydos war dies der hunde- oder schakalähnliche Gott Chontamenti (Erster der Westlichen = Verstorbenen), der dort zunächst als lokale Gottheit verehrt wurde.

Die Riten der zeremoniellen Totenfeiern wurden so zum Mysterium des Osiris, der in Abydos begraben wurde, um dann in seiner Statue wieder neu aufzuerstehen. In dieser Zeit verband sich Osiris mit dem alten Nekropolengott Chontamenti. Deshalb war es der Wunsch vieler Ägypter, entweder in Abydos begraben zu werden oder wenigstens mit einer Stele dort anwesend zu sein. Dies führte dazu, dass viele Beamte in Abydos eine Kapelle mit Stelen, Statuen und Opfertisch, oder auch nur eine Stele errichten ließen. Der Großteil der Stelen des Mittleren Reiches stammt aus Abydos. Daneben gibt es aber dort auch umfangreiche Friedhöfe.

Im Allgemeinen ist das Totenbuch so abgefasst, dass der Tote im schmalen Fries über der Hauptszene betend vor 14 Gottheiten kniet: Re, die Neunheit von Heliopolis sowie Personifikationen von Hu (Ausspruch), Sia (Erkenntnis) sowie der *Südlichen*, *Nördlichen* und *Westlichen Wege*. Der schakalköpfige Anubis führt den Toten zum Gericht. Auf dem Podest kniend wiegt er das Herz des Verstorbenen gegen die Feder der Maat auf, der Wahrheit, um den Grad des seelischen Gleichgewichtes zu ermitteln. Die Göttin Ammit in der Funktion als dämonische Fresserin und Helferin des Osiris, die aufgrund der überführten Lüge des Toten die Herzen seiner Feinde fraß, wartet, ob sie das Herz des verurteilten Toten fressen soll oder nicht. Thot protokolliert das Ergebnis. Am Ende wird der Tote, der bestanden hat, von Horus dem Osiris präsentiert, der in seinem Schrein mit Isis und Nephthys sitzt. Sein Thron steht auf dem Natronsee, aus dem eine Lotosblume wächst, worauf die vier mumiengestaltigen Horussöhne stehen.

Die Vorstellung des Totengerichts war zunächst nur auf den Pharao selbst und seine engsten Vertrauten beschränkt. Im Mittleren Reich sollte nach erfolgreicher Prüfung durch das Totengericht die Ba-Seele als Träger der unvergänglichen Kräfte im Jenseits wieder mit dem göttlichen Licht-Körper des Toten vereint werden. Die oftmals als Vogel dargestellte Seele hatte zunächst eine von Dämonen und anderen Gefahren bedrohte Reise durch die Unterwelt zu bestehen. Im Neuen Reich erhielt das Totengericht erstmals kanonische Vorschriften. Die möglichen Anklagepunkte waren nunmehr bekannt, das Leben vor dem Tod konnte an die Gesetze des Totengerichts angepasst werden. Das Gericht wurde von Osiris, den zu erreichenden Ziel, geleitet; 42 auch streng aufgefasste Totenrichter (Gaugötter) entschieden, welche Ba-Seelen in das Duat, das Jenseits, übertreten durften, um dort mit den Göttern eins zu sein. Bei einem Scheitern drohte der Aufenthalt in der Keku-semau, der Finsternis, die nicht von den lebensbringenden Strahlen der Nachtsonne erreicht werden konnte und als Läuterungsort angesehen wurde. Der Besitz des Totenbuchs stellte dabei bereits einen magischen Schutz dar, um die 82 negativen Schuldbekenntnisse gemäß Kapitel 125 des Totenbuches zu bestehen. Als Vorläufer des Totenbuchspruches 125 diente das wohl aus dem Mittleren Reich stammende *Buch vom Tempel*, das ähnliche negative Schuldbekenntnisse für Priester enthält.

*

Die Zahl 7 war aber bei den Ägyptern, wie bei andern Völkern eine heilige Zahl, welche auch im Totenbuch häufig allein oder in ihren Multiplikationen wiederkehrt. Deshalb 7 Kühe oder 42 (bzw. 49) saturnischen Beisitzer Osiris. Jeder derselben hatte eine besondere Sünde zu bestrafen oder davon freizusprechen und auf die Rechtfertigung vor diesem furchtbaren Chore bezieht sich größtenteils der lange Text, welcher der bildlichen Darstellung des Gerichtes vorausgeht, namentlich die Tabelle, auf welcher der Verstorbene jeden der 42 Richter mit seinem Namen und mit Angabe seiner himmlischen Wohnung anruft, um die jedem zugeteilte Sünde von sich abzuweisen und sein seelisches Gleichgewicht hervorzuheben. Es ist hier also nicht ein Sündenbekenntnis, welches zu einer gnädigen Aufnahme unter die Seligen vorbereitet, sondern eine eigene Rechtfertigung seiner Reife vor dem nach strenger Gerechtigkeit urteilenden Richter, wovon die Lossprechung abhängt. Dies erinnert an die 100 Namen des Osiris und an gewisse Opferformeln im alten Testamente.

Somit gibt das Totenbuch die reichsten Aufschlüsse über eine Menge Götterverhältnisse, welche auf andern Monumenten nur bruchstückweise und unzusammenhängend vorkommen. Es enthält eine große Anzahl von höheren und niederen Gottheiten, Dämonen, heiligen Tieren und Gegenständen zum Teil auch in den Vignetten abgebildet, welche bisher anderwärts noch gar nicht zum Vorschein gekommen sind. Es werden alle verschiedenen Gegenden, Aufenthaltsorte und Behausungen aufgeführt, mit welchen die Ägyptische Mythologie ihre unsichtbare Welt anfüllte, so dass man eine ganze himmlische Geographie der ägyptischen Mythologie daraus entnehmen könnte. Vorzugsweise aber ist alles darin enthalten, was auf ihre Vorstellungen über das Leben der Seele nach dem Tode Bezug hat.

Das Totenbuch stellt einen rituellen Ablauf für den Verstorbenen dar, was er tun muss, um das Totenreich zu durchqueren, je nach Mentalität. Jedem wird das Buch angepasst. Es handelt, nach dem Titel, von der Erscheinung im Lichte, d. h. von der göttlichen Verklärung des Verstorbenen, dem Endzwecke der ganzen Seelenwanderung. Diese wird hier bildlich unmittelbar hinter der Beisetzung im Grabe dargestellt, aus dem er lebendig hervortritt.

Ohne Zweifel wurde es wie andere heilige Bücher dem Hermes oder Thoth zugeschrieben. Diese Tatsache wurde nicht erst später erfunden, denn es wird schon in dem Totenbuch selbst mehrmals von *„dem Buche"* und von *„den Büchern des Thoth"* gesprochen und in der Vignette hält der Verstorbene selbst dem Thoth das *Hermetische Buch* entgegen, von welchem im Texte die Rede ist.

Das Turiner Exemplar des Totenbuchs ist, dem Stile der Hieroglyphen und den Figuren nach, aus der Blütezeit des Ägyptischen Reichs. Aus dieser Zeit ist überhaupt der größte Teil unserer ganzen pharaonischen Papyrusliteratur sowohl in hieroglyphischer als in hieratischer Schrift. Dass die alten Königsnamen im Text uns nicht etwa verleiten dürfen, den Anfang dieser Zeremonien in jene wissenschaftlich bestimmte Zeit zu verlegen, haben wir schon bemerkt, obgleich es keinem Zweifel unterliegt, dass es schon damals und noch früher Ägyptische Bücherrollen gab und man sich nicht allein darauf beschränkte, in Stein und Holz Schriften einzugraben, wenn man bedenkt, dass der erste Götter-König der Sonnengott Ra-Harmachis war, der menschlich dargestellt wurde. Von ihm gibt es nur Sagen, so dass dies jede andere Annahme zulässt.

*

Wie wir gesehen haben, enthält diese Totenschrift magische Anrufungen des Verstorbenen in verschiedenen Formen, Tänzen und Stellungen der Götter an Osiris, den Herrn der Unterwelt. Im neunten Kapitel öffnet dieser seinem geliebten Sohne, denn jeder in Gerechtigkeit Verstorbene erhielt selbst den Namen Osiris, alle Wege des Himmels und der Erde.

Am ausführlichsten wird Gott Hermes im ersten Kapitel erwähnt. Außerdem wird Thoth in 10 Abschnitten mit der wiederkehrenden Formel angerufen: *„O Thoth, Rechtfertiger des Osiris gegen seine Feinde, rechtfertige den Osiris Aufgang, Sohn der Set-uta, gegen seine Feinde, wie du rechtfertigst den Osiris gegen seine Feinde vor den großen Tetnetsu.“* Hier folgt dann immer die nähere Bestimmung, wo diese Tetnetsu, gewisse Geister, von denen die 4 des Osiris – Amset, Hapi, Siu-mut-f, Kebh-senu-f – die bekanntesten sind, sich aufhalten. Jeder Abschnitt nennt eine andere himmlische Gegend oder Sphäre, Pen, Ebut, Tetu usw., deren göttliche Bewohner auch in der Vignette dargestellt und im Texte genannt werden, z. B.

- in Pen: Atmu, Mu und Tefne-t;
- in Ebut: Osiris, Isis, Nephthys und ein schakalköpfiger Gott;
- in Tetu: Osiris, Isis, Nephthys und Horus;
- in Hauxem Xem: Thoth, Osiris, Anubis und Astes, usw.

Im ersten Abschnitte werden vor den Tetnetsu in Pen auch die des Ra und des Osiris, im letzten hinter denen in Renu auch zusammenfassend die Tetnetsu (Geister) jedes Gottes und jeder Göttin genannt. Es wird von 10 himmlischen Gegenden gesprochen, die wiederum die 10 Sephiroths sind.

Das ist der Grund, warum es unter anderem Münzen, Statuen, Gemälde usw. mit dem Abbild des Affengottes Thot gibt, die auf die Nachahmung des Göttlichen verweisen sollen. Viel wird von sogenannten Zauberbüchern geschildert, dessen Wirkungen ans Wunderbare grenzen. Das ist die Gotteskraft, die dem Beschauer und Herrn des Wortes zuteil wird, wie man das im gnostischen Papyri von London und Leiden bestätigt vorfindet.

So ist es mehr als nur logisch, dass die hermetische Behauptung aufkommen kann, dass der Tod nicht natürlich ist, denn es gibt in beiden Reichen, hüben wir drüben nur ein Leben! Das Leben erhält man durch magische Formeln. Die Dämonen bedingen den Tod, das Leiden und die Pein, diese gilt es zu vertreiben, was durch lautmagische Rituale gelingt. Deshalb kann man ewig leben, wenn man das Wort beherrscht! Wenn der Körper stirbt, so kann er im Jenseits den zweiten Tod erleiden, weswegen man Totenkult-Riten dagegen tätigt, um sich vorm astralen Tod im Jenseits zu schützen; und umgekehrt, man kann sich Seelisch so präparieren, dass man Körperlich unsterblich wird. Diese runischen Formeln wurden in den

Totentexten verewigt. Der Sinn liegt in der kabbalistischen Aussprache. Der Kreislauf der Sonne, von Ost nach West, vollzieht sich immer bis in alle Ewigkeit, folgedessen kann der Mensch da anknüpfen und das ewige Leben genießen. Alle Symbolik deutet auf Erneuerung, der durch den ewigen Kampf der Gegensätze immer wieder verstärkt und aufgerichtet wird. Deswegen endet in der ägyptischen Tradition der Kampf bzw. der Weg nie, genauso wie das Leben unsterblich ist!

Wie Osiris muss man sterben, um wie er, der Gott, wieder neu zu erstehen. Alle Texte und Bilder in der Grabkammer konnten und sollten mittels der Formeln zum Leben erweckt werden, damit der Tote lernt, sich des Schöpferwortes bewusst zu werden, was einzig und allein den Eingang, den Über- und Zugang ins Jenseits und in dortigen Ebenen gewährleistete. Das runische Wort ist der Schlüssel zu allem! Wer den Namen eines Gottes oder Gegengottes kennt und ihn richtig auszusprechen weiß, dem muss er zu willen sein. Wichtig war und ist, dass man seinen Seelenspiegel rein im weißen und schwarzen Sinne vorweisen kann, denn das bildet die erste Stufe zur Einweihung!

2. Die Einweihung in die lautmagischen 78 Tarot-Karten:

Beginnen möchte ich dieses Kapitel mit der Behauptung, dass das Pentagramm-Ritual und das kabbalistische Kreuz rein altägyptischen Ursprungs sind:

Die Ausführung des Pentagrammrituals – Das anrufende Pentagramm:

Nimm einen Dolch oder ein Messer aus Stahl in die rechte Hand, schaue nach Osten:
 – Berühre die Stirn und sprich *Ateh* (Du bist).
 – Berühre die Brust und sprich *Malkuth* (das Reich).
 – Berühre die rechte Schulter und sprich *ve-Geburah* (und die Kraft).
 – Berühre die linke Schulter und sprich *ve-Gedulah* (und die Herrlichkeit).
Lege die Hände über der Brust zusammen und sprich *le Olahm* (in Ewigkeit).
Halte den Dolch mit der Spitze nach oben in den gefalteten Händen und sprich *Amen* (So sei es).

45

Die Hinzufügung des Wortes Amen bedeutet das Ende. Es ist mit der Gottheit Amun, dem Verborgenen, in Verbindung gebracht worden. Es ist auch eine Merkform dreier hebräischer Wörter: Adonai, Melekh, Neh-eh-mon, die *Der Herr Getreue König* bedeuten. Ziehe, nach Osten gewandt, ein großes invozierendes Pentagramm, wie oben gezeigt. Wenn es vollständig ist, stoße die Spitze des Dolches in die Mitte des Pentagramms und vibriere (raune) den Gottesnamen *JHVH* (Jod, Heh, Vau, Heh), wobei du dir vorstellst, dass deine Stimme die Schwingung in den Osten der Welt trägt.

Halte dann den Dolch vor dich und bewege dich nach Süden. Ziehe dort das Pentagramm und vibriere den Gottesnamen *Adonai*.

Gehe in den Westen, schlage wiederum ein großes Pentagramm und vibriere *Eheieh*.

Bewege dich in den Norden, den Dolch mit ausgestrecktem Arm haltend. Ziehe das große Pentagramm und vibriere *Agla*.

Vollende den Kreis immer im Osten, wobei der Dolch wieder in das vorgestellte Zentrum des ersten Pentagramms gebracht wird. Stelle dich nun mit ausgestreckten Armen in Kreuzform auf und sprich die Namen gedehnt (wie geschrieben):

- Vor mir Raphael *Rah-fah-el*
- Hinter mir Gabriel *Gah-brie-el*
- Zu meiner Rechten Michael *Mi-chah-el*
- Zu meiner Linken Auriel *Au*-ri-el

Man kann auch die Namen vier göttlich-ägyptischen Schwestern verwenden: Isis, Nephthys, Selkis und Neith. Sprich dann: *Vor mir flammt das Pentagramm. Hinter mir scheint der sechsstrahlige Stern.* Ziehe dann wieder wie zu Anfang das kabbalistische Kreuz. Zum Bannen wird das gleiche Ritual mit umgekehrter Linienführung bei den Pentagrammen benutzt.

*

Selbst der italienische Okkultist Evola schreibt von Formeln, welche unverständlich sind, aber deswegen genaue kabbalistische Entsprechungen aufweisen. Die göttlichen Namen, wie sie in dem alten und traditionellen Mithras-Ritual aus dem *Großen Pariser Zauberpapyrus* unverfälscht verwandt wurden, bewirken eine Umwandlung gemäß den Gesetzen der Buchstaben, machen aus einem Menschen einen Gott. Darin wird die ägyptische Neunheit angerufen, dessen Namen Evola mit den hinduistischen Mantrams bzw. mit den Lichtbuchstaben aus der Kabbala vergleicht.

In Indien werden heutzutage noch die Feste mit Musik, Tanz und Gesang gefeiert, wie es im uralten Ägypten noch religiöse Tradition war, alles auf den Schöpferton bezogen, auf ihre Ritualphilosophie der Tantras zutreffend; wenn die Formen, Zeremonien und Inkantationen unmittelbar ihrem Sinn entsprechend aufgefasst werden, dann mögen sie leicht Wunder zu wirken.

Al-Ghazali, einer der bedeutendsten religiösen Denker des Islams, schreibt, wer sich an die Gesetzmäßigkeit des Gottes Saturn hält, erlangt Macht und Liebe, Weisheit und ewiges Sein! Alles andere ist ohne Bestand! In diesem Sinne will ich mich nun auf die traditionellen Schriften berufen, indem ich hier *Drei mystische Gedichte* Arabis und die Lehren des Scheich Adi, der große Heilige der Jezidis, zitiere, dessen mystischer Inhalt auf die Lautmagie sich bezieht. Die Deutung überlasse ich dem Hermetiker:

Die Gleichwertigkeit aller Religionen:

1. O ihr tauben, die ihr den Arak- und Bän-Baum umflattert, habet Mitleid (verfahret schonend) mit mir. Verdoppelt durch euer klagendes Girren nicht meine Sehnsuchtsschmerzen.
2. Habet doch erbarmen! Locket durch euer lautes Klagen und Weinen nicht die verborgenen, in den tiefen meiner Natur wurzelnden Gefühle der heftigsten Sehnsucht und Trauer hervor.
3. Abends und morgens rufe ich ihnen dasselbe als Antwort zu: Das Stöhnen eines sehnsüchtig Verlangenden und die Klage eines Verliebten.
4. Die Geister standen sich in dem sumpfigen Dickicht von Tamerisken gegenüber, indem sich die Zweige mit ihnen über mir zusammenbogen und mich vernichteten (ins Nirwana versenkten).
5. Sie brachten mir die verschiedenartigen Gefühle peinigender Sehnsucht, leidenschaftlicher Liebe (zu Gott) und eigenartiger (seltener) Prüfungen.
6. Wer gibt mir die Gewissheit (des Versprechens) betreffs der Vereinigung, Muhassabs in Tale Minä, des Edlen und der Glückseligkeit.
7. Sie umdrängten Stunde für Stunde mein Herz um Liebe und Liebesqual zu erregen und küssten über dem Schleier die Elemente

(Fundamente, Säulen) meines Wesens.

8. Umkreise doch auch das beste der Geschöpfe (Muhammad) die Kaba, welche die Evidenz des Verstandes als mit Unvollkommenheit behaftet bezeichnet (bezeichnen muss).

9. Küssend verehrte er dort Steine, obwohl er ein Prophet war. Welches ist schließlich der Rang des mekkanischen Tempels im Vergleich mit dem Werte des Menschen?

10. Wie oft versprachen sie (die Frauen) in Vertrag und Eid treu zu bleiben. Aber eine mit Henna geschminkte kennt kein Erfüllen von Eiden.

11. Eines der wunderbarsten Dinge ist eine verschleierte Gazelle, die mit roten Fingerspitzen Zeichen gibt und mit Augenlidern winkt.

12. Der Weideplatz dieser Gazelle ist zwischen Brust und Eingeweiden – ein wie wunderbarer Garten inmitten von Feuern.

13. Mein Herz ist für jede Form (des religiösen Kultus) aufnahmefähig (aufnehmend) geworden. Es ist daher ein Weideplatz für Gazellen (indisch-mystische Weisheit), ein Kloster christlicher Mönche.

14. Ein Tempel für Götzen, eine Kaba für einen muslimischen Pilger, die Gesetzestafeln der Thora und die Buchrolle des Koran.

15. Ich hänge der Religion der mystischen Liebe an. Wohin auch immer deren *heiligen Kamele* ihren Weg einschlagen, – dieses ist meine Religion und mein Glaube.

16. Ein Vorbild dieser Liebe haben wir an Bischr, dem geliebten der Hind und ihrer Schwester, an der Kais, Laila, Maija und Gailan (arabische Mädchennamen).

Die Vision des göttlichen Wesens.

1. In der Talbiegung zwischen den beiden steinigen Plätzen ist das Stelldichein. Dort lass unsere Kamele niederknien; denn dieses ist der Tränkort (das Ende der Tagesreise).

2. Suchet nichts weiter (als dieses unser Reiseziel) und rufet nicht nach etwas anderem, nachdem wir diesen Ort (glücklich) erreicht haben O Barik! O Hagir! O Tahmad!

3. Und gebet euch dem Spiele hin nach Art freundlicher Mädchen mit schwellenden Brüsten und erfreuet euch der üppigen Weide nach Art weiblicher Gazellen.

4. Auf einer Wiese summten und surrten die Bienen (Fliegen). Da

antwortete ihnen freudigmunter ein zwitschernder Vogel.

5. Weich ist der Boden (die Eingeweide) der Wiese, weich auch der über ihr fächelnde Wind. Dann blitzt es in den Wolkenschleiern und donnert es in den weißen Wolkenmassen.

6. Dabei fallen Regentropfen aus den Rissen der Wolken hernieder – gleichsam Tränen eines Liebenden, vergossen ob der Trennung von der Geliebten.

7. Trinke den reinen Extrakt des Weines der mystischen Liebe mit seinem betäubenden Inhalte und lausche in freudiger Ekstase einem Sänger, der dort leise und zart (wie ein Vogel) singt:

8. „O des reinen Weines, der in Adams Zeit von dem Paradiese als Wohnort der Menschen eine sichere Erzählung berichtete.

9. Schöne Jungfrauen ließen ihn aus ihrem Speichel austropfen (ausspritzen, aussprühen) wie Moschus, und züchtige Jungfrauen (wie unversehrte Perlen) kredenzten ihn uns in selbstloser Weise."

Das göttlicher Werden des Menschen:

1. O du alter Tempel! Ein Licht ist für dich (euch) aufgegangen, das in unseren Herzen glänzt.

2. Bei dir beklage ich mich über die Wüsten, die ich durchschritt, und in denen ich ungehemmte Ströme von Tränen vergossen habe.

3. Weder morgens noch abends erfreute ich mich der Rast. Von der Morgen- bis zur Abendzeit setzte ich ununterbrochen meinen Weg fort.

4. Die Kamele setzen ihren Marsch bei Nacht fort, auch wenn sie ihre Füße wund gelaufen haben, ja sie beschleunigen den Schritt noch dazu.

5. Diese (gewaltigen) Reitkamele trugen uns zu euch (wohl: Gott) hin mit heftigem Verlangen, obwohl sie nicht hofften, das Ziel erreichen zu können.

6. Sie durcheilten im Liebesstreben nach dir (Gott) Wildnisse und regenlose Strecken, ohne sich deshalb über ihre Müdigkeit zu beklagen.

7. Sie klagten nicht über den Schmerz der heftigen Liebe, während ich es war, der ich mich über Müdigkeit beklagte. Sicherlich vollbrachte ich etwas Widerspruchsvolles.

*

Vier Qasiden des Scheich Adi:
I.

Ich habe aus dem Becher der Liebe getrunken vor meiner Manifestation. Ich bin davon trunken geworden, ehe meine Gestalt ins Leben gerufen wurde. Ja, meine Manifestation hatte ich in der Liebe, ehe Adam war und geheime Gedanken über die Seinsformen hatte ich vor meiner Manifestation.

Ich wurde erhöht über den, der Liebe beansprucht, bezüglich der Liebesleidenschaft. Es brachte Gott mich nahe (zu ihm); so erlangte ich das Nahesein bei ihm. Er reichte mir zu trinken, flößte mir Leben ein und ward mein Zechgenoss. Es ward mein Kamerad der, den ich liebe in meiner Zelle. Er erteilte mir Vollmacht über all' die Weinkrüge und das, was sie in sich bargen. Da unterstellten sich die Heere der Liebe meinem Willen; und ich ward Sultan über alle Gottesdiener. Alle Könige der Erde kommen in Unterwürfigkeit (zu mir). Meine Reiter tummeln sich in sämtlichen Ländern, mir zu Ehren werden die Trommeln in jeder Himmelsrichtung geschlagen, und mein Reichsherold ruft aus in Ost und West.

Alle Länder machen noch, nicht die Weite eines Schrittes von mir voll. In meine Weinschenke tritt ein! Du siehst da den Becher kreisen; und die Liebenden haben nur das getrunken, was ich übrig ließ.

Alle Männer Gottes haben um mich den *Tawaf* gemacht, die siebenmalige Umkreisung in ihrer großen Menge. Und was die Kaba betrifft, so kommt sie zu mir mit der Absicht zu wallfahren. Ich bin der Reiter aus dem Nedschad, aus der Landschaft in Arabien; am jüngsten Tage werde ich diesen *Namen führen*. Über die anderen Pole besteht zu Recht meine Souveränität (Heiligkeit).

– Mein Jünger, halte dich fest an mir und verlass dich auf mich! Ich bin das Schwert dieses Daseins für jede Größe.

– Mein Jünger, frohe Botschaft wird dir zuteil und Glückwunsch beim Herrn der Stärke. Befreiung vom Höllenfeuer ist (der Lohn) für das eifrige Festhalten an meiner Tariqa, des spirituellen Derwisch-Weges.

– Mein Jünger, bereise den Osten und Westen und Süden und Festland und Meer: in (all') den Ländern, bist du in meinem Machtbereich.

Ich bin der Besitzer der Vollmacht, der Sultan des Wela. Alle Könige der Welt sind meine Untertanen. Ich bin der Herr des Ruhmes, herrschend in der (veränderlichen) Welt als Hilfe für den Bedrückten und als Beschützer Mekkas. Ich war im höchsten Himmel und im Lichte Mohammeds, und in dem Zwischenraum der zwei Bogenlängen war die Gesellschaft der Geliebten. Ich durchschritt die Paradiesesgärten nach Ost und West; und es flössen meine Augen über von Tränen ob der Schönheit der Gunst. Da rief ich aus:

„Heda, ich bin ar-Rifai Ahmed!" – „Zu deiner Verfügung, zu deinen Diensten, o Pol der Kreatur!"

Ich rief zum zweiten Mal; da (sagte) die Krone der Wissenden Abu-l-Wefa: „Zu deiner Verfügung, du unser Sultan am Auferstehungstag!"

Ich rief zum dritten Mal; da sagte al-Qadiri, sich beeilend: „Zu deiner Verfügung, o Imam des All!", in aller Eilfertigkeit.

Und ich war Imam des All auf dem Standort der Himmelshöhe. Wem unter den Männern Gottes ist mein Rang verliehen worden? Ich befand mich sitzend im geheiligten Tal, auf dem Berge Sinai, seit ich mein Ehrenkleid angezogen hatte. Die Engel machten von allen Seiten den Tawaf um mich. Meine Standarten sind aufgepflanzt an jedem Wegzeichen, und ich habe ein Banner, entfaltet in Ost und West; und mir zu Ehren wird im Himmel die Menge der Trommeln geschlagen. Ich bin der Sohn des ar-Rifai, Ahmed ist mir Name und Lob; und mir zu Ehren wird im Himmel die Menge der Trommeln geschlagen. Mein Scheich ist Ali al-Wasiti und Ibn Kamih. Ich neigte mich zu ihnen und gab ihnen den zehnten Teil meines Trinkens zu trinken; und der Ursprung meines Trankes lag in dem göttlichen Wohlgefallen an uns – zu dem Auserkornen, dem Rechtleiter, dem Vollmond von Medina.

II.

Ich besitze eine hohe Stellung, die über die andern Orden erhaben ist. Ich besitze geheime Gedanken, gleich dem Gussregen überströmend. Ich besitze eine Station und Heimstätte, die mir als Eigentum zuerkannt ist unter den Menschen; und nicht hat man mich jemals genannt einen, der im Wettstreit unterlag.

Alle haben von meinem Wein getrunken, und alsbald sind sie trunken geworden. Ich habe zu trinken genommen vom Geliebten in Liebesleidenschaft. Als ich getrunken hatte, da flößte er mir Leben ein und leistete mir Gesellschaft. Mächtig ist, der den Menschen erschaffen hat aus einem Blutklumpen. Ich bin ar-Rifai und mein Name ist Ahmed usw. Meine Würde ist gewaltig und über den Augäpfeln getragen.

III.

Ich habe Wissen erlangt, und ich habe Macht erlangt für ewige Zeiten durch die Hilfe eines erlauchten Herrn, eines unvergleichlichen, einzigartigen. Ich befand mich im Leibe meiner Mutter, seitdem ich erschaffen wurde Wohlerzogen, zu der Zeit, da der Scheich ausrief: „O Mutter des Adi!"

Da entgegnete die Mutter dem Scheich eilig: „Wen rufst du?", und „Nicht gibt es unter den Leuten eine Mutter des Adi".

Da sprach der Scheich zu ihr: „Jezda, dir sage ich: Wenn du geboren hast den Adi, stelle ihn unter den Schutz des Ewigen und richte den Gruß von mir aus: Friede sei über ihm, und sage ihm: Halte dich fest an Agil (einen Verständigen), und schweig still (sei einfältig)."

Ich hörte ihn, während ich mich im Mutterleibe liegend befand. Da sprach ich (zu mir selbst): Stammle, rede! –, während er in der Sänfte saß. Doch nicht vermochte ich mit ihm zu sprechen und ihn anzureden, bis ich geboren wurde; und es wallte das Haus auf wie Schaum.

Es bewillkommneten mich die Heiligen von jeder Seite, indem sie dem Musafir gratulierten, dass ihm ein Sohn geboren war. Es erzog mich der Scheich in feiner Bildung, sich eifrig bemühend. Und die Mutter Jezda hegte mich liebevoll im Hause.

Als ich wohlgedeihend heranwuchs, gaben sie mir eine Mufattaqa zu trinken von Wein – o über die Menge! – ; es barst schon mein Eingeweide. Da wurde ich sinnverwirrt infolge meiner Trunkenheit; denn wahrlich, ich hatte mich vollgetrunken.

Ich wohnte im Lalisch-Gebirge in Ruhm und Glückseligkeit. Es kam zu mir al-Qadiri und Ibn ar-Rifai desgleichen; und Abu-l-Wefa – o kühner Jüngling! – kam auf dem Löwen reitend. Aber ich ritt nichts, das Seele oder Leib hatte, sondern auf einem massiven Felsblock, der mir nachfolgte. Als wir zusammengetroffen waren, ich und die Heiligen, machten sie halt und beugten sich über mich gleichwie der Vater über sein Kind. Ich lud sie in mein Haus, um ihnen beim Mahle Gesellschaft zu leisten in einer Zelle, in der ich zehn Jahre einsam gewesen war. Da ließen sie auf mich eine Schlange zukommen, welche mich in Schrecken setzen sollte. Doch ich traf sie mit meinem Wurfspeer; ich zerlegte sie in Streifen. Es strömte aus ihrem Munde Wasser, welches – o Wunder! – gleich dem klaren Quell blieb, der Herz und Eingeweide tränkt. –

Ich bin Adi und ein Sultan, als der ich bekannt bin unter den Männern; und der Schatz des Derwischtums steht unter meiner Hand. Hüte dich, mein Jünger, vor dem Abweichen von unserer Tariqa und bleibe bei unserem Ordensgelübde stehen, solange du dich bemühst.

IV.

Rein ist meine Loslösung von Vergangenheit und Zukunft, und bereits habe ich die höchsten Würden erlangt; und es ist das Glück von dem Herrn der Herren zu mir gekommen. Ich befand mich schwach im Leibe meiner Mutter; und mein Scheich war bereits mit der Wahrheit zu mir geschritten, indem er mich bei meinem Namen rief: „O Adi!"

Doch meine Mutter vernahm nicht, was ich zu ihm sagte. Zur Zeit der Geburt waren bei mir die Männer der Vierzig in vollständiger Zahl. Es strömte das Haus über von den Segnungen meines Geheimnisses, und das Land Syrien, Ebene und die Berge. Es kamen zu mir die Männer jener aller (...) insgesamt. Indem sie beabsichtigten mich zu besuchen, um zu erkunden, wie es mit mir bestellt sei. Sie kamen zu mir reitend auf Löwen. Aber ich –, der Felsblock unter mir schritt mit mir einher.

Unter ihnen befand sich Qadiri und Ihn ar-Rifai, auch Abu-l-Wefa war unter den Männern. Ich lud sie ein in die Zelle, alle insgesamt. Wir hielten ein Trinkgelage, und meine Loslösung von Vergangenheit und Zukunft war rein. Die Leute waren bestrebt, mich auf die Probe zu stellen mittels einer gewaltigen Schlange, die schon auf mich zueilte. Doch in meiner Hand hatte ich einen Wurfspeer, den ich in sie hineinwarf. Da strömte das Wasser aus ihrem Munde und floss herab. – Ich bin der Sohn des Musafir, und mein Name ist Adi. Meine Trommeln worden geschlagen auf den Plätzen. Meine Trommeln werden geschlagen im Himmel und auf Erden; und der Herold des Glückes hat sich mir gezeigt. Ich bin der Ehelose, ich – mein Name ist Adi. Stütze dich fest auf mich, mein Schüler, und kümmere dich um nichts weiter!

*

Die magisch-mystische Lehre des Hermes besagt, dass die erfreulichen Erfolge in kleinen Dingen die Lust fördern werden, sich an größere zu wagen. Je kühner, je unverschämter die Forderungen sind, die man an seinen freien Willen stellt, umso mächtiger entfaltet sich jene Ur-Triebkraft, welche den Willen schließlich die ganze Arbeit abnimmt, sodass er sich nie mehr krampfhaft zu betätigen braucht. Die Ur-Triebkraft ist die eigentliche Quelle unseres Heils. Über ihr Wesen vermag kein Mensch etwas zu sagen, weil sie jenseits aller menschlichen Erkenntnis wirkt. Man kann stets nur das erkennen, was man aus sich herausstellen, vor sich stellen bzw. sich vorstellen kann. So kann man wohl einen Gott (Osiris) erkennen, niemals aber diese geheimnisvolle Ur-Triebkraft, aus der auch der Gott geboren wurde. Sie ist es, die vor allem wohl den Namen Gott verdient, wenn man das Wort richtig versteht: als das Un-Erkennbare, Un-Fassbare, Un-Zugängliche, Un-Ergründliche, als das Eine, Ur-Sein, Ur-Kraft, Ur-Sache. Wir nennen es, um Verwechselung mit dem erkennbaren Gott zu vermeiden, das *ES,* denn die Ur-Triebkraft ist im Menschen meist verfinstert, man mag, obwohl ein Vergleich hier unzureichend ist, an die Verfinsterung einer Sonne denken. Da sieht man nur ihre Protuberanzen, das sind heftige Materieströme auf der Sonne, die am Sonnenrand als matt leuchtende Bögen beobachtet werden können; und das sind die Triebe des Menschen.

Ein wenig näher kommt man dieser Ur-Triebkraft mit dem Worte Instinkt, das ist jene natürliche Kraft, welche in den Tieren ungehemmt wirkt und sie zu vollkommenen Geschöpfe macht; dieselbe Kraft wirkt noch im Kinde und behüte es, wie ein Schutzengel vor Gefahren, wie Isis Horus beschützte, wie sie ihr eigenes Kind behütet hat. Aber im erwachsenen Menschen ist sie fast erstickt durch seine Verstrickung in den irdischen Trieben. Glücklicherweise aber kann sie stets wieder frei gemacht werden. Und nichts dient besser diesem Zweck als das Bemühen, in sich die Liebe zur Sache zu werden. Man begreift wohl, dass wir hier an einer Grenze angekommen sind, wo eine Erklärung mit Worten aufhört und wo nur noch das persönliche Erleben jedem weiterhelfen kann. Nicht ohne Grund nennen wir die Liebe zur Sache ein Geheimnis. Sie ist eben mehr, als man sich gewöhnlich darunter vorstellt! Das wird ersichtlich, wenn man hört, dass die Liebe zur Sache, welche die Ur-Triebkraft weckt, nun endlich den Kreis der sich gegenseitig verzehrenden Gedanken durchbricht! Mit Staunen erlebt da der Mensch, dass ihm plötzlich ganz überraschend Neues, Geniales, unvergleichlich Wertvolles einfällt. Wo es herkommt, kann niemand sagen. Ein Etwas jedenfalls ist im Menschen erwacht, er spürt eine nie gekannte Art von Reich sein, von Kraft, wie dieses Etwas: Ur-Triebkraft. Der Gewinn ist groß für die ganze Lebenshaltung. In Stunden der Not und Sorgen z. B. wird man nicht mehr so grenzenlose Verlassenheit spüren wie vordem. Es wird dann genügen, sich mit aller Liebe in eine, wenn möglich erhebende Tätigkeit zu vertiefen, um danach triebartig, das bedeutet: im Schutz der erwachten Ur-Triebkraft, das Rechte tun zu können, was die Not wenden, die Sorge ohnmächtig machen wird. Weil dies für jeden von sehr großer Bedeutung ist, wollen wir es zur Grundlage nehmen für eine der alt-ägyptischen Übungen: Quälen euch kreisende Gedanken, befällt euch Angst, Sorgen und Not, droht euch Verzweiflung oder Irrewerden, so schleudert all diese zerstörenden Mächte ein herbes, derbes: Nein! entgegen und vertieft euch mit höchster Sammlung der Willenskraft in eine reine, wenn möglich in eine erhebende Arbeit oder Betätigung, in eine erhabene Rune, als alles andere. Die völlige Vertiefung in einer guten Sache bewirkt, dass das Unterbewusstsein empfänglich wurde für die heilenden Ströme der Ur-Triebkraft in euch. Sie kommt ungehemmt wieder …

Dies zeigt auch die Entwicklung der symbolischen Rituale. Die Pyramide bildet die Grundlage der zeremoniellen Stellungen, denn die Eckpunkte, die sich in den vier Dreiecken gegenüberstehen, bilden die Anordnung der vier Kerzen des Quadrates, und mit der Spitze ergeben sie Stellungen der vier Himmelsrichtungen. Diese Form ruft die Dreiheit der Welten ins Gedächtnis. Die Vierheit verweist auf die vier schützenden Schwestern, denn der Buchstabe Jod (Is) vertritt alle vier Elemente.

Selbst Amun-Ra, der Hüter der Schwelle, war der ursprünglich irdische Tempel-Erbauer. Auf Pergament, Papyrus oder Palmblätter schrieb er seine Aufzeichnungen, aber alles ist verschwunden, von Wasser und von Feuer aufgelöst, von den Menschen absichtlich vernichtet. Was, wenn es diese Mitteilungen aus uralter Zeiten über Ägypten noch gäbe?

Aber es geschahen noch Wunder in hellsichtiger Beziehung zum dritten Auge. In einer Vision erkenne ich den Blick der feinsinnigen Augen der Göttin Hathor, welche als Gottheit lebend in Mumienbinden eingemeißelt war in eine Wand, um eine gewisse Ursache zu setzen. Die Götter setzen Ursachen, wofür sie mit ihrer Lebenskraft bezahlen müssen, ihr Schicksal ändert alles Sein. Ihr hellsehendes Auge war offen und zwischen den Augen, in der Mitte der Stirn, befand sich ein Edelsein. Ich wurde unwiderstehlich davon angezogen, ich wollte ihn berühren, erfassen, ja, ihn zu mir nehmen! Auf einmal ergriff mich ein Gefühl, das mich daran hinderte, den Stein herauszubrechen. Das dritte Auge erkennen wir als die Zirbeldrüse.

An einen Ausgang der Pyramide sah ich auf einmal den indischen Gott Shiva, die indische Hauptgott, welcher in seiner höchsten Form Mahum darstellt. Seine Statuen zeigen ein drittes Auge in der Mitte der Stirn, das Auge deutet auf Hellsicht, auf Weisheit und Wissen. Auf Ägypten bezogen stellt es hier das Auge des Horus dar, denn es ist ein bekannter Begriff. Diesem Auge entging nichts, denn das Auge des Horus schaut Osiris und Isis an.

Als der Begriff *Tet* wird das Zeichen des Wortes genannt, und *O Blut der Isis* wurde *es* angesprochen. Das Isisblut findet sich immer wieder mit zusammengestellten und besonderen Symbolen über Isis und Osiris auf der Vereinigung der polaren Weltkräfte des kultisch-magischen Zaubers. Ja, es gibt einen Pyramidenspruch, der besagt, dass vom König kein Glied frei sei von einem Gott. Das heißt, dass der König in sich alle göttlichen Mächte vereinigt. Denn der Kopf des Thot entspricht dem Horusfalken, das Gesicht dem Wegöffner, die Schenkel der Froschgöttin, selbst die Gesetze finden in ihren Entsprechungen in der Göttin Isis und Nephthys statt. Aber der Tempel von Amenophis zeigt das Relief, wie der Hohepriester Amun, eine Inkarnation Imhoteps, die Gestalt des allmächtigen Herrschers annimmt und sich mit der Göttin Isis sexuell vereinigt, denn nur in sexueller Verbindung kann man schöpfen. Denn bei beiden, Isis und Nephthys, thronen die Geschlechtssymbole auf den Kopf, das ist das Zeichen für den Himmel der Götter. Man muss sich mit den Göttern verbinden, um mit der Zwillingsseele sexuell schöpfen zu können. Anders ist das nicht möglich, worauf die gesamte irdische Natur verweist. Und dann kann man sagen, dass man die erste Tarotkarte, den *Adepten,* vollkommen beherrscht, worauf die sexuelle Symbolik des Bildes der ersten Karte hinweist.

Das Tet-Zeichen.

In meiner Erinnerung gab es eine Zeit, aus dem Amun (ich) nun berichten möchte: Einem Ägypter, mir, unterlag mein ganzes Eigentum den Flammen, aber unter Einsatz meines Lebens rettete ich eine heilig gehaltene Katze aus der Glut. Ich liebte diese Tiere und außerdem war es das Lieblingstier meiner Göttin Isis. Denn alle Götter haben ein Haustier, dem sie ihre Liebe gaben, in dem sie ihr Wesen bannten, um ihren Einfluss irdisch besser gestalten zu konnten.

Die frühdynastische Periode beginnt mit der Vereinigung Ober- und Unterägyptens unter Menes, dessen Leben mythologisch ausgeschmückt überliefert wurde. Hier findet sich auch der Ursprung der über fast 3000 Jahre andauernden Regierung durch Könige, die als von Göttern abstammend betrachtet wurden. Eine besondere Bedeutung gewann jetzt auch der Kult des Apis-Stieres, des Hüters, der schon in der Thinitenzeit (Archaische Zeit) ein Sinnbild der Fruchtbarkeit und dessen Verehrung im ursprünglichen Kultort Memphis war, bald ganz Ägypten umfasste nach Ansehen an magischen Künsten. So erreichte Isis, durch List, den Namen des höchsten Gottes, wodurch sie selbst Macht über die ganze Welt erhielt.

Als treue Gottheit und Mutter wurde Isis bald die volkstümlichste Göttin, deren Mysterien schließlich im ganzen antiken Mittelmeerraum sich verbreitete. Ägyptisch gesehen ist

- Isis die Mutter (Binah-Cneph), das Geflügelte Ei-Binah.
- Thoth der Mondgott (Messer der Zeit)
- Uramoth – die Wassergöttin (die Große See)
- Sebek – der Zerstörer der Zeit.

Alle diese Gottheiten repräsentieren mehrere Formen und Funktionen der Idee von Binah, dem Saturn, der Gesetzmäßigkeit. Wie man sie kombiniert, um magische Formeln zu erhalten, muss im Lichte der Lautmagie tief studiert werden. Der Seher kann dazu die geistige Vereinigung mit seinem Schutzengel herbeiführen, denn er ist entweder Weiblich oder Männlich, die Form je nach Mentalität, um sich mit seinem Namen rhythmisch zu vereinigen.

Die Lehre des dritten Ordens, die Anweisungen waren mir deshalb verkündet worden. Ich, Amun, erwartete meine große Mutter Isis in einer ähnlichen aber materiellen Art, wie ich beim heiligen Schutzengelritual in mentaler Schau erfahren hatte, um mich mit ihr sexuell zu vereinigen. Aber das Erreichen des Grades des Weisheit erlangte die reine Kenntnis und die Konversation mit der Göttin Isis verstärkte mein Streben. Ich wurde eingeweihte in die göttliche Liebesmagie. Aber Osiris war ein schwarzer Gott, d. h. von der Natur von Binah (Saturn), der die strikte Einhaltung der Gesetze vertrat. Denn die Liebe von Binah ist wie die des Königinskorpions, die ihren Gefährten normalerweise verschlingt, aber bei der Göttin Isis im positiven Sinne. Daher war diese Enthüllung so wie von einer romantischer Liebhaberin, angenehm und bereichernd.

Plötzlich wurde mir bewusst, dass seine, des Osiris Liebe, Leidenschaft war und ihn innerlich und unterhalb jeder Sphäre das Bewusstsein für die hohe Aufgabe vorbereitete. Denn der Adept muss von jeder Bindung befreit sein, bis auf die Beziehung zur Zwillingsseele, welche die Freiheit bringt. Das war bei mir nicht so! Der strebende Magier wird durch diese Visionen an den Schrecken erinnert werden, dass er immer bereit ist, die Stelle einer wahren magischen Operation zu überleben, weil ohne Partnerin die Harmonie und der Werdegang fehlt. Diese Warnung wurde mir direkt gegeben, denn sie wurde im Detail wiederholt. Die Zahlen der Runen, Buchstaben von Shemhamphorash, der geteilte Name Gottes, d. h. Atziluth, das bedeutet: Vornehmheit, Erhabenheit, Güte, Adel und steht für die archetypische Welt reiner Realität, für den Äther! Der Konus, in der Geometrie eine Rotationsfläche, gebildet durch eine um eine Achse (Gerade) rotierende Kurve, ist eine Figur von Iacchus, dem Herrn der höchsten Ekstase. Es ist der Phallus.

Auch mit meinem heiligen Schutzgeist hatte es eine eigenartige Bewandtnis, denn er wurde mir in Ägypten von Hermes zu Verfügung gestellt, denn von Ägypten nahm die Entwicklung der Welt ihren Anfang. Es war Iacchus, eine schöpferisch-negative Form des Hüters.

Iakchos ist eine der in den Sexual-Mysterien von Eleusis verehrte Gottheit. Er ist eng verknüpft mit der Prozession der Mysten von Athen nach Eleusis und da insbesondere mit dem von den Teilnehmern ausgestoßenen ekstatischen Schrei *iache*, der runische Bedeutung hat. Sein Bildnis, das eine Fackel trägt, wurde in einem der Tempel der Demeter beim Pompeion beim Heiligen Tor von Athen aufbewahrt. Beim Zug nach Eleusis wurde das Bildnis der Prozession vorangetragen. In den *Fröschen*, einer antiken Komödie des Aristophanes, erscheint der Zug der Mysten. Dort heißt es:

> Iakchos, der du im ehrenreichen
> Heiligtum hier wohnest,
> Iakchos, Iakchos!
> Lass den üppigen, beerenreichen

Myrtenkranz, dein Haupt umschwellend,
Duftig sich schütteln!
Stampfe den Takt mit keckem Fuß
Zur ungezügelten, wonnetrunknen,
Neckischen Feier!
Tanz ihn mit, den holdseligen,
Anmutreichen, dreimalheil'gen
Mystischen Reigen!
…
Aber du, o Seliger,
Leuchte voran mit der Fackel
Glänzendem Leitstern
Zum blumig betauten Gefild
Dem schwebenden Jünglingsreigen!

Obwohl es in diesem Gedicht in etwas ironisch gebrochener Form
dargestellt ist, sind die wesentlichen mit Iakchos verknüpften Elemente klar
herausgehoben, nämlich Ruf, Tanz und das Tragen der Fackel der
Erkenntnis.

Iakchos wurde bereits bei den Tragikern mit Dionysos, dem Hüter der
Schwelle, gleichgesetzt. Bei Platon schließlich wird er darüber hinaus als
Psychopompos mit Hermes identifiziert, der die Seelen in die Unterwelt
führt, wie Gott Moloch, während Dionysos sie aus der Unterwelt zur
Reinkarnation bringt. In den orphischen Hymnen wird er mit anderen
Gestalten der eleusinischen Mythen wie Eubuleus und Dysaules
identifiziert und erscheint als männliches Gegenstück der mannweiblichen
Mise. Er wurde oft mit Dionysos identifiziert, vielleicht wegen der
Ähnlichkeit der Namen Iacchus und Bacchus, ein anderer Name für
Dionysos. Nach verschiedenen Berichten war er ein Sohn von Demeter
(oder anscheinend ihr Ehemann) oder ein Sohn von Persephone, identisch
mit Dionysos Zagreus oder ein Sohn von Dionysos bzw. seine
Verkörperung. Iacchus war möglicherweise auch in einen eleusinischen
Mythos verwickelt, in dem die alte Frau Baubo, indem sie ihre Genitalien
freilegte, die trauernde Demeter aufmunterte, den die Geschlechtsorgane
dienen der Schöpfung.

Iacchus war zusammen mit Demeter und Kore (Persephone) eine der
Gottheiten, die im Rahmen der eleusinischen Mysterien verehrt wurden.
Der Geograph Strabo aus dem späten 1. Jahrhundert v. Chr. nannte ihn den

Anführer oder Gründer der Geheimnisse.

Von ihm bekam ich den visionären Hinweis, dass meine Göttin Isis mich zu ihr rief, weil sie eine sexualmagische Operation mit mir durchführen beabsichtigte, um mich dadurch zu reinigen. Ich war aber mit Aluna verheiratet, das hieß aber nicht, dass man nicht die reine und göttliche Sexualmagie mit unserer besten Freundin, der heiligen Göttin Isis, in allen drei Ebenen durchführen darf, ja muss, weil der Mensch sonst nicht reifen würde, denn nur die Reinen können reinigen! In ihrem Tempel der Einweihung erstrahlte alles, die Säulen waren mit Symbolen versehen, aus großen wunderbar ausgearbeiteten Töpfen quoll Kräuterrauch. Die Zofe ließ mich in ihre Kammer, wo eine Pracht vorherrschte, wie man sie im Film „The Gods of Egypt" sah. Über dem Bett war eine riesige, strahlende aber materialisierte Sonne im schönsten Licht zu sehen. Von deren Anblick ich war berauscht. Isis stand mit einem dünnen durchsichtigen aber anmutigen Schleier mit Krone auf ihrem Haupte funkelnd vor mir, ihre Augen glühten in reinster Liebe und weiblicher Göttlichkeit, einfach atemberaubend. Ich bereitet mich auf die Gottverbundenheit mittels der Runengesten vor, wollte sie umarmen, da blitzte es auf und Osiris stand vor mir. Osiris war voller Zorn, machte eine Geste in der Luft und sagte: „So nicht!"

Er informierte mich davor über die Feinheiten, die ich noch anwenden musste. Osiris machte 10 Gesten. Man kann diese mit den geometrischen Symbolen der kosmischen Manifestation von Osiris vergleichen, welche auf die 10 Sephiroth bzw. auf die zehn grundlegenden Wahrheiten der göttlichen Ideen verweisen. Sie beziehen sich immer auf das männliche und weibliche Geschlecht, die in Vereinigung immer göttlich wirken. Darum hat jeder Mensch fünf rechte und fünf linke Finger und deshalb bestehen zehn grundlegende Wahrheiten:

1. Gott, das höchste göttliche Prinzip.
2. Die Liebe.
3. Die Weisheit.
4. Die Allmacht.
5. Die Allwissenheit.
6. Die Gesetzmäßigkeit.
7. Das ewige Leben.
8. Die Allgegenwärtigkeit.
9. Die Unsterblichkeit.
10. Die Reinheit aller Ideen und Gedanken.

Die fünf Finger an der rechten männlichen Hand des Menschen bedeuten, dass in ihm fünf universale Elemente herrschen, zunächst Feuer, Luft, Wasser und Erde entsprechend der Ausstrahlung ihrer aktiven Polarität. Das Akashaprinzip, dem mittleren Finger entsprechend, ist das höchste Prinzip, das die übrigen Elemente in den Fingern erhält und lenkt. Die fünf Finger an der linken weiblichen Hand des Menschen äußern gleichfalls die fünf universalen Elemente in der gleichen Reihenfolge. Aber Feuer, Luft, Wasser und Erde strahlen die Wirksamkeit in die negativen Pole aus.

Damit machte er mit dem Fingern die Mudras, welche im Adeptus-Ritual beschrieben sind. Durch die Mudras wurde der Himmel total blau, hellblau, unnatürliches blau. Man kann das mit der erhabenen Natur und ihrer kosmischen Erscheinung des blauen Astral-Himmels vergleichen, denn es war schon ins Göttliche übergehend, in die höchste Glückseligkeit. Sehr seltsame Phänomene taten sich auf, sie waren ziemlich ungewöhnlich. Es ist eine allgemeine Bedingung der höchst spirituellen Erfahrung, dass vertraute Gesetze der Natur sich nicht in ihrer gewohnten Form in der Materie erhalten. Osiris zeigte mir die astralen Farben, die ganz anders sind als hier auf Erden. Es ist nur, wenn einen die Erfahrung befähigt, sie zu beobachten, dass sie als uniforme, einfach und exakte Erscheinungen wie jene der normalen Physik gesehen werden können. Ich konnte sie sehen, ich war medial veranlagt und hellsichtig. Meine Göttin Isis zeigte es mir, brachte es mir bei. Osiris musste mich darauf aufmerksam machen, dass ich nicht den richtigen Ausgleich hatte, denn sonst hätte ich mich durch Akt aufgelöst, denn er beinhaltete solche eine gewaltige Macht. Man gewährte mir deshalb einen Trost. Ich wurde von einem dunklen, lichtabstrahlenden Schein des endlosen Würfel in der Vision der reinen Liebe beschenkt. Isis packte nämlich meine gesamtes Sein in einen Würfel aus blauen Gold. Sie schenkte mir ihn. Ich konnte mit diesem Würfel magisch umgehen, ich beherrschte seine Handhabung, ich war der Herr – dank Isis, meiner lieben Göttin – über ihn. Ich erwachte des Morgens, ich sah den Würfel von blau-weißem Licht wie ein Diamant von guter Qualität. Er symbolisierte sich vor meinen Augen. Er war hell, und durchscheinend, aus ihm heraus leuchtend. Mit diesem Würfel konnte ich je nach Anordnung der Seiten in die verschiedensten Sphären reißen, ich bekam leichten Zutritt dazu. Ich konnte und sollte ihn bekommen, damit ich damals wie heute etwas lernen soll, für heute, damit ich dann, wenn ich richtig ausgeglichen bin, wieder erneut leichten Zutritt zu den Sphären bekam. Der Kubus stellt das Universum dar. Oben befindet sich ein Kreis, die Göttlichkeit. Durch drücken an gewissen Stellen, wurde der Würfel verändert, es bildeten sich Dreiecke und Zylinder und ich war augenblicklich im Mentalen oder in der astrale Ebene, aber mit meinem Körper, der sich auf Erden entstofflichte! Wenn ich ihn in den Ebenen wieder drückte, war ich zurück in der stofflichen Welt. Sogar in den Zeiten zurückversetzen konnte ich mich, um daraus das zu ziehen, was ich für nötig befunden hatte.

Auf den Hinweis von Osiris erwiderte ich: „Die Anführung der Auflösung akzeptierte ich nicht. Ich zerstöre sofort die Myriaden von wahnsinnigen Gedanken, die schnell versuchen, das Vakuum im Mentalkörper zu besetzen, das durch den Sprung des Experimentes des Adepten in den Abyss (Untergang, Abgrund) geschaffen wurde." Mein herrlicher positiver Schutzgeist Andimo konnte den Aspiranten, mich, retten. Er zügelte meine Gedanken, um sie mittiger zu machen, damit ich sie besser kontrollieren konnte. Wie genau der Schutz-Engel mit mir, dem Seher, in diesen 20 Minuten der Materie die Zeit still stehen ließ, ist unmöglich zu sagen, denn ich hatte überhaupt keine Erinnerung mehr, noch hatte ich Zeit, an das, was stattfand, zu denken. Mein Schlaganfall nahm mir im jetzigen Leben alle Erinnerung an meine wahre Heimat: Ägypten.

Wir können diese Tatsache ableiten, dass die Vereinigung mit der Isis in der Sphäre doch noch, und zwar im Jenseits, im Shamballa stattfand, denn der Tempel gab mit den nötigen Schutz im Mentalen. Ich vollzog den Akt einmal mit ihr, aber es kam mir aber vor, als wäre die Welt in einen schöpferisch-liebenden Höhepunkt der kosmischen Verzückung getaucht worden, woraus es kein Entkommen, kein Emporsteigen mehr gab. Es war nur noch das göttliche Zeugen vorhanden, in dem wir die Welt retteten. Ich der Mensch, die irdische Unterwelt mit der kosmischen Göttin, dem himmlischen Akasha, damit alles in Harmonie von oben und unten verläuft, verhinderten wir einen Krieg der verschiedenen magisch-mystischen Kulte, der viel vernichtet hätte. Es mag sehr gut eine totale Quintessenz der Vereinigung gewesen sein, denn nur wenn man intim war mit Isis, der Göttin, konnte man schöpferisch wirken lernen. Sie ist die Herrin der Zauberkünste! Ich wurde nicht wahnsinnig vor lauter Schönheit von ihr, ihr Geruch, ihre Haut, ihr Haar, ihr traumhafter Körper, ihre Brüste, ihr Po und ihre wundervolle Scham. Auch durch ihre Orgasmen verströmenden Säfte erregten nicht meine Leidenschaft, sondern sie hoben mich empor in die schöpferischen Sphären! Ich war total konzentriert auf die Schöpfung, die wir damit verwirklichen wollten. Ich wollte dazulernen, ich wollte schöpfen können, denn damals schon wurde das henochische Wort in all seinen

Schlüsseln gelehrt und auch praktisch umgesetzt.

Ich war der erste, der mit Isis in Kontakt kam und mit ihr in Winkelmaß und Zirkel die Tempelanlagen runisch geschaffen hatte, also richtig … *frei gemauert!* Ich bin aber leider gefallen durch mein negatives Verhalten mit Pharao Tutmosis. Trotzdem bin ich den Weg der Sonne (Mitte) gegangen, denn durch Winkel und Zirkel habe ich mich immer den Gesetzen gemäß versucht zu verhalten, damit mein Tempel immer bestehen bleibt.

Im alten Ägypten war es natürlich die Hauptaufgabe eines Priesters, seinem jeweiligen Gott zu huldigen. Dazu musste er strenge Reinheitsgebote einhalten. Er musste sich zweimal am Tag und zweimal in der Nacht waschen. Seit dem Neuen Reich musste jeder Priester zudem noch seinen kompletten Körper rasieren. Kein Haar, weder am Kopf noch am restlichen Körper, durfte zu sehen sein, denn Haare sind ein Zeichen des Tieres! Die Nägel musste er sehr kurz schneiden und scharfe Natronpillen sollten für die innere Reinheit sorgen. Saubere Leinengewänder waren natürlich ebenfalls Pflicht.

Der ägyptische Priester lebte nicht im Zölibat, galt aber nach dem Geschlechtsverkehr als unrein und musste sich erst wieder einer rituellen Reinigung unterziehen.

Wie wurde man Priester? Priester konnte in Ägypten im Prinzip jeder werden. Es war egal, ob der Anwärter aus einer reichen oder einer armen Familie stammte. Selbst das Geschlecht war gleichgültig. Es sind sowohl weibliche als auch männliche Priester bekannt, wobei letztere den Großteil der Priesterschaft ausmachte.

Von einer Aufnahmezeremonie ist offiziell nichts bekannt, nur das, was Hermes in seinen „Ägyptischen Überlieferungen" geschrieben hat. Die jungen Erwachsenen verpflichteten sich ihr ganzes Leben lang zu dem Dienst an ihrem Gott. Viele Priester wohnten in Dörfern und hatten Familien mit Kindern, an welche sie ihre Priesterwürde weitervererben konnten. Natürlich war es auch dem Pharao möglich, einen seiner Untertanen in ein heiliges Amt zu berufen.

Für die Ägypter war es nichts Außergewöhnliches, Männer ohne große Neigung zur Spiritualität in den Priesterämtern sitzen zu haben. Hauptsache, derjenige konnte gut für die jeweiligen Zwecke eingesetzt werden. So wurden zuverlässige Armeeoffiziere in das Amt des Hohepriesters eingesetzt – wahrscheinlich, um die Macht der habgierigen Priester einzuschränken. Denn die Gier nach Macht und Reichtum war damals schon groß.

Die ägyptischen Hohepriester, allen voran der Hohepriester des Hauptgottes Amun, besaßen als Stellvertreter des Pharaos und somit Augen und Sprachrohr der Götter, sowie mit einem schier unermesslichen Reichtum im Rücken, eine außergewöhnliche Macht.

Wir hatten ein großes schönes Haus, mit vielen Räumen, riesiger Bibliothek, weil ich damals schon sehr viel geschrieben habe. Die höchste Hohepriesterin des Landes war sauer auf aus, auf Aluna und mich, war neidisch, weil wir so viel hatten. Sie legte uns Steine in den Weg, wie es ihr negatives Ur-Prinzip bedingte. Es wurden auch Schiffe mit Schriftrollen angefahren, ich war Feuer und Flamme, war voll von Begeisterung, so etwas Tolles studieren zu können.

Hier muss ich gleich sagen, dass bestimmte lautmagische Vibration am Baum des Lebens zu beachten sind, um direkt sich nach Kether, nach der göttlichen Krone sich mit seiner Gottheit zu verbinden. Der Pfad Gimel, er bezeichnet den dreizehnten Pfad der 32 Pfade der Weisheit, der die Sephiroth Kether und Tifereth verbindet, wird auch die vereinende Intelligenz genannt. Der Pfadname deutet auf den irdischen Gott Wall hin, auf den Kamelgott, auf das höchste und mächtigste Wesen der Weisheit der Erdgürtelzone. Dieses Wesen inspirierte mich zu beginn meiner ersten Autobiografie auf die Camel-Packung hinzuweisen. Er spricht perfekt altägyptisch, sein Sinnbild ist die Pyramide als Kreis, Dreieck und Viereck, die 10 Sephiroth und der daraus entstehend Rote Löwe, welches der Zyklus von 7 x 10 ist.

Wall.

Er ist der, der dich durch die vertrocknete Wüste zur universellen Pyramide geleitet. Ohne ihn, und vor allen Dingen mit der menschlichen Falschheit und der Lüge, die der Kamelgott hasst, kommt man nie zur Pyramide der

Einweihung, denn ohne diese kosmische Form in seinem Inneren anzunehmen, gibt es keine Erkenntnis! Der Ausgleich in allen drei Ebenen ist für ihn das Entscheidende! Fehlt er, wird er richtig hinterhältig und böse. Er stürzt die Menschen blind in den Abgrund hinunter, damit sie durch den Schmerz des Aufpralls ihre eigenen Mängel entdecken. Nur so kann der Mensch durch diese Wüste gehen, genährt von dem Wissen und der Konversation mit dieser Gottheit. Selbst Christus weist durch seinen Aufenthalt in der Wüste auf diese Tradition hin. Der Buchstabe Gimel (ausgeschrieben als Gimel, Mem. Lamed) deutet auf das rettende Kamel in der Wüste. Dreifach ist sein Wesen, denn Gimel ist der dritte bzw. siebte hebräische Buchstabe (10 – 3 = 7) des Alphabetes. Daher steht sein Dienst für die Zahl Drei.

Selbst bei den sympathischen Heilrezepten stößt man auf den Gott Wall, indem meist solche Ingredenzien verwendet werden, die zu den sexuell-schöpferischen Absonderungen gehören. Enthält doch natürlicherweise die Mumia dieser Exkremente gerade diejenige Kraft, welche der Magier zum Lösen oder Binden der erotischen Spannungen im Menschen benötigt. Gilt doch zum Beispiel noch heute bei den Arabern der Kamelurin, der symbolisch für den Gott Wall steht, als stärkstes sympathisches Bindemittel, welches sexualmagisch verwendet wird. So enthält auch eines der wirksamsten orientalischen Erotisierungsmittel, bei der Sexualmagie häufig gebraucht, ein wie Ambra duftendes gelbes Pulver, denselben Kamelurin als Hauptbestandteil. Die orientalische Magie und Zauberkunst ist ja überhaupt die Erzeugerin der meisten jetzt noch in Europa gebrauchten sympathischen Praktiken, die bereits Jahrhunderte auch hier in Deutschland verwendet werden.

In kabbalistischer Anlehnung an die hier veröffentlichten Mysterien, erschufen wir, angereichert mit diesem kosmischen Wissen, ich mit der Göttin Isis und meine Frau Aluna mit dem Hüter die kleine Pyramide sexualmagisch in einer rituell-lautmagischen Messe. Alle vier blickten wir gegen die vier Himmelsrichtungen, um die vier kosmischen Elemente der Schöpfergötter zu verwirklichen, wie es im Neophyten-Ritual im Golden Dawn steht. Wir stellten das Jod-Heh-Vau-Heh dar und sangen Götterhymnen, wir verkörperten die reine Vierpoligkeit im göttlichen Sinne, und konnten dadurch schöpferisch wirken. So mächtig ist die Lautmagie!

*

Vom Ägypten ging alles aus, so auch die fünf Elemente, fünf

Himmelsrichtungen und fünf Atmosphären unserer Erde. Denn in Griechenland wurde beispielsweise die fünf wegen der Vermählung durch das weibliche und das männliche, also die Zwei mit den Ungeraden der Drei auch als Hochzeitszahl bezeichnet. Pythagoras erhob seine Hand, die fünf Finger, zur Hochzeit zwischen Himmel und der Erde. Das hat eine besondere Bedeutung, die zahl Fünf ist nämlich

- im Manichäismus die fünf Söhne des Urmenschen, fünf heilige Bäume, und fünf teuflische Mächte, usw., und

- vor allem im Jainismus die fünf Rangstufen der Mönche, fünf Elemente und die Farben usw.

- Denn die Zahl Fünf verweist im übrigen auf fünf Wunder von Osiris hin, sie deuten auf die fünf Säulen der Frömmigkeit.

Wir wollen nicht unvernünftig glauben, wir wollen aber prüfen und von allgemeinverständliche, mathematische-unwiderlegbare, augenfällige Gesetzmäßigkeiten überzeugt sein, dass wir durch Mystik Wunder erlangen können, und dass dazu unser Verstand beginnt zu reifen. Wir wollen den Kontakt natürlich überprüfen, um Beweise zu finden.

Hinter dem Schleier und mystischen Allegorien der alten Dokumente, und den Schrecken der bizarren Prüfungen aller Initiationen, unter dem Siegel aller heiligen Schriften, in den Ruinen von Ninive und Theben, auf dem verwitterten Antlitz der assyrischen ägyptischen Sphinx, in den merkwürdigen Zeichen unserer alten alchemistischen Schriften und den praktischen Aufnahmezeremonien aller okkulten Gesellschaften findet man die Spuren einer Lehre, die sich immer gleich bleibt und sorgfältig geheim gehalten wird. Wir haben gesehen, dass die große Pyramide einen Schatz kosmischer und esoterischer Wahrheiten birgt, die heute teilweise wiedergefunden wurden. Wohl niemals aber wird das Rätsel ihres Baus vollkommen gelöst werden. Der Ingenieur und Architekt Macon sagte: *„Ich bin überzeugt, dass die Ägypter nur mit der Hilfe der Levitationen imstande waren, die enormen Steinblöcke ihrer Monumente an ihren Platz zu bringen. Auf dieselbe Art haben sie die riesigen Blöcke der Pyramide gehoben. Unmöglich wäre dies keineswegs, denn die alten Ägypter kannten Naturkräfte, die wir kaum erst zu ahnen beginnen.“*

Zugunsten diese Annahme spricht auch der Inhalt des im Britischen Museums in verschiedenen Jahren übersetzter altägyptischer Manuskripte, in denen die Existenz transzendentaler, magischen Praktiken in Ägypten zur Zeiten Moses feststeht. Moses selbst wurde von den initiierten

Ägyptern als ein Magier außergewöhnlicher Macht angesehen.

Die geheimsten und erhabensten, der von den Ägyptern übernommenen Urwahrheiten finden wir in dem sogenannten *Buch der Toten*, das Hermes zugeschrieben wird, der keineswegs, wie viele annehmen, eine rein mythologische Gestalt ist und der biblische Misraim zu sein scheint. Dieses *Buch der Toten* bildet einen Teil des Rituals der Mysterien der Gottheiten Isis und Osiris, die zu der göttlichen Neunheit von Heliopolis gehören. Die bisher in den verschiedenen Gräbern gefundenen Manuskripte bilden nur einem, mitunter entstellten oder vielleicht mit Absicht veränderten Bruchteil dieses riesigen esoterischen Werkes. Hermes ist außerdem der Verfasser der allen Okkultisten wohlbekannten Smaragdtafel und auch der Urheber des Tarot. Es erübrigt sich daher, an dieser Stelle allzu lange auf diesen Schlüssel okkulter Wahrheiten einzugehen. Ich will mich deshalb nur auf das Nachstehende beschränken.

Die Blätter des Tarot sind neben der Smaragdtafel wohl die großartigste Synthese der Esoterik. Alle philosophischen Wissenschaften des asiatischen Hermetismus, der Urquelle aller Religionssysteme des Altertums, finden sich in ihren Grundprinzipien in den goldenen Tafeln des Tarot synthetisch festgelegt. Die Araber, die zum größten Teil alle alten orientalischen Traditionen ins Abendland brachten, kannten den Tarot bereits in einer verstümmelten Form. Der Tarot des Hermes überlieferte sich der Nachwelt, umhüllt von dem Mysterium seines Ursprung und seiner Bedeutung, und gab den Anstoß zur Herstellung der Spielkarten aus der Zeit des hundertjährigen Krieges. Näheres darüber findet man in folgenden Werken: Dr. Gerard Encausse, *Le Tarot Divinatoire* und *Le Tarot des Bohemiens*, sowie Lucien Laforge *Le Tarot sacerdotal*.

Ich will noch den Ausspruch eines tiefgründigen Kabbalisten über den Tarot zitieren: *„Der Tarot ist die theosophische Synthese des primitiven Religionsdogmas, ebenso wie eine von dem Magier Hermes Trismegist entdeckte vereinfachte Methode der Astrologie. Er war auf 22 Goldtäfelchen graviert und enthielt außerdem noch das hieratische Alphabet der Magie, die Zodiakal und Planetenzeichen. Er wurde im Tempel von einem Priester namens Pastophorus behütet, der seinen symbolischen Sinn nur den Neophyten erklärte. Die divinatorischen Schlüssel wurden nur denen mitgeteilt, die zu den höchsten Initiationsstufen der Isis gelangten, und derjenige wurde mit dem Tode bestraft, der die mysteriösen Arkana verbreitete. Die 22, dem numerischen Alphabet (ABC) entsprechend angeordneten Blätter geben eine* *vollständige Definition des Dogmas der Hohen Magie der Alten. Wenn die Blätter gemischt werden, verändert sich individuelle Bedeutung durch die jeweilig daneben liegenden, sie geben dann entweder einen priesterlichen oder philosophischen Ausspruch oder eine Antwort auf irgendeine gestellte Frage."*

Bekanntlich hat die hebräische Kabbala das System des Tarot übernommen und zum Teil selbständig ausgelegt. Die ägyptischen Initiationen waren nach einem der vorhin erwähnten Rituale organisiert. Der Kandidat wurde mit einer weißen Tunika bekleidet, dem Symbol der Reinheit und Ausgeglichenheit, die von dem Schüler verlangt wurde und die gleichzeitig das vorhergehende Bad symbolisierte, dem wohl die gleiche Idee wie der christlichen Taufe zugrunde lag. Der Kandidat wurde dann in Gegenwart der initiierten Priester in eine Art Katakombe oder unterirdischen Saal gebracht. Dort wurde er der Prüfung des Hellsehen unterzogen, die darin bestand, das man dem Neophyten eine bronzene Medaille mit der glatten Seite vorzeigte, deren Inschriften er auf der verdeckten Seite lesen musste. Dann ließ man den Kandidaten allein, dem bereits gewisse Mantrams bekannt waren, welche die Kraft hatten, bestimmte astrale Wesen zu beherrschen oder fernzuhalten, die ihm während seiner Abgeschlossenheit zur Prüfung seines Mutes und seiner Kaltblütigkeit erschienen. Das tätigte man so, denn die Riten bildeten eine heilige Prüfung! All diese, zum Teil abschreckenden, zum Teil verführerischen Gestalten, wies er mit dem Raunen des entsprechenden Mantram zurück. Diese Schwingung ließ sie zerplatzen! Zum Schluss dieser Prüfung stürzten sich gleichzeitig sämtliche Erscheinungen auf ihn, es musste der Kandidat dann das stärkste Mantram (Königs-Mantram der Inder!) anwenden, um aller Gefahren oder Verführungen Herr zu werden. Die Mystiker wissen, dass all diese Mantrams hauptsächlich dazu dienen, die Schlangenkraft zu erwecken und den Willen oder Gedanken zu konzentrieren, und dass in Wirklichkeit zur Beherrschung aller astralen Einflüsse neben den erlernten okkulten Kenntnissen vor allem die Reinheit und der Mut einer Person ausschlaggebend sind.

Viele Zeremonien der ägyptischen Mysterien sind von den Völkern des Westens übernommen worden und finden sich noch heute, wenn auch mitunter in merkwürdiger Form entstellt und missverstanden, in der Liturgik der christlichen Religionen. Sie ist in Wissenschaft und Lehre eine akademische Disziplin, die sich mit dem Verstehen und der Gestaltung der Liturgien bzw. Gottesdiensten, den Texten, Zeremonien und Gegenständen, befasst. In einem gegebenen Augenblick der Einweihungszeremonie wurde der Neophyt auf ein eigenartig gestaltetes Kreuz gelegt und nach Ausübung gewisser Praktiken von Seiten seines geistigen Führers in einen tiefen Trancezustand versetzt. Sein Körper wurde in die unterirdischen Säle des Tempels, der Sphinx oder in die große Pyramide gebracht, während seine Seele den Abstieg in die Hölle (Unterwelt, Hades der Griechen) oder in die niedrigen geistigen Regionen (Astralwelt) machte und verschiedenen Prüfungen ausgesetzt wurde. Ein Teil seiner Mission bestand darin, den im Gefängnis, da sie Fehler in der Materie machten, sich befindenden Geistern zu predigen. Noch heute sieht die große Mehrzahl der spiritistischen Zirkel, besonders in Südamerika, eine ihrer Hauptaufgaben darin, auf niederer Entwicklungsstufe stehende oder in materialistischem Wahn beharrende Geister oder besser Astralwesen zu belehren und aufzuklären. Der kataleptische Zustand des Neophyten (Kandidaten) dauerte, wie bereits erwähnt, drei Tage und drei Nächte wie bei Christus Tod, ein Symbol der drei Runen (IAO) und der Intervalle, die sie trennten, oder der Zeit, während welcher der Menschen den ersten Teil seiner Evolution vollbrachte und in die Materie niederstieg. Die Mantrams (Binde-Runen) aus dem Sanskrit, bedeuten heilige Verse oder Gesänge, magische Sätze, Formeln, Worte, Silben oder Buchstaben.

Am Morgen des vierten Tages fand die den Mystikern wohlbekannte Auferstehung oder Wiedergeburt statt, wo sich der Schüler dann in dem sogenannten Königssarkophag der großen Pyramide befand. Die bekannten und sehr verschieden gedeuteten Lüftungskanäle, die in nördlicher und südlicher Richtung von der Grabkammer bis an die Außenseiten der Pyramide gehen, dienten dazu, sowohl die Lichtstrahlen gewisser Sterne und Planeten, auch des Mondes und der Sonne auf die Stirne des einzuweihenden Schülers fallen zu lassen. Wie es heute auch noch getätigt wird! Dies hatte nicht nur einen rein symbolischen Zweck, sondern sollte auch den Neophyten gewisser kosmischer Kräfte der Polarität teilhaftig werden lassen.

Was nun die alten Hebräer anlangt, so ist es außer Zweifel, dass sie die ägyptischen Geheimlehre kannten. Der israelitische Schriftsteller Philon aus Alexandrien stellte fest, dass Moses weitgehendst mit der Wissenschaft der Ägypter, Assyrer und Chaldäer bekannt war. Er sagt weiter, dass alle wissenschaftlichen Kenntnisse (hauptsächlich hermetischer Natur!) Mosis in seinen Büchern enthalten seien und dass die Stiftshütte oder das Offenbarungszelt (vgl. die Stellungen von Peryt Shou usw.) und die

Bundeslade dem mathematischen und astronomischen Teil dieses Wissens symbolisieren. Das Gleiche deuten in ihren Schriften Flavius Josephus, S. Clemens von Alexandrien u. a. an.

Ein englischer Schriftsteller zu Beginn des vorigen Jahrhunderts, Sir William Drummond of Hawthornden schrieb in seinem Werk *Oedipus Judaicus* ausführlich über den kosmischen Symbolismus des Tabernakels und des Tempels der alten Israeliten. Nach all diesen Quellen kann man als sicher annehmen, dass ihre Konstruktion und Anlage, sowie die Maßverhältnisse ein mystisches Abbild des Universums waren. Wir sehen also hier eine auffallende Analogie mit den altägyptischen Monumenten, deren tiefer Symbolismus ja leider noch heute sehr unvollkommen bekannt ist. Der vorhin erwähnte hebräische Schriftsteller Flavius Josephus sagt, dass die Maßverhältnisse der Tabernakel eine Imitation des Weltsystems waren. Im innersten Heiligtum war gegen Norden ein Tisch, wie in Delphi, aufgestellt, auf dem sich 12 Brote befanden, welche die 12 Monate symbolisierten oder die 12 Zodiakalzeichen, und auf einem zweiten Tisch in entgegengesetzter Richtung, also nach Süden, befand sich der goldene siebenarmige Leuchter mit sieben Lämpchen, die sieben Planeten darstellend. Dieser Armleuchter war geneigt wie die Ekliptik. Auf dem Räucheraltar, der die Erde vorstellte, befanden sich die Symbole aller irdischen Dinge. Bei den Ägyptern sah der Tempelraum für die Riten so aus wie das Bild der 2. Tarotkarte von Franz Bardon.

Frau Blavatsky spricht sich in ihrer Geheimlehre ähnlich aus und erklärt eingehend noch die tiefe Bedeutung, die den Organen Phallus-Yoni zukommt, welche Symbole der kosmischen männlich-weiblichen Schöpfungskräfte sind und bei den Tempelkonstruktionen des Altertums, besonders am allerheiligsten Orte zum Beispiel dem Sancta Sanctorum des Tempels Salemons, sowie bei der Grabkammer der großen Pyramide, in den Maßverhältnissen verhüllt und zum Ausdruck kamen. Ähnlich verhält es sich mit den altmexikanischen und peruanischen Tempeln und religiösen Bauwerken. Selbst in der Bretagne sehen wir heute noch die Überreste altkeltischer Monumente in den Dolmen und Menhirs, die gleichfalls nichts anderes symbolisieren als die Urzeugungskräfte. Der Wert (pi) war im alten Ägypten wohlbekannt, und streifte auch das Problem der Wissenschaften bei den Völkern des frühen Altertums. Man könnte aber zeitlich und räumlich noch viel weiter gehen.

Die alten Chinesen nahmen als Wert für die Zahl zwar nur 3 statt 3,1415 … an, doch kannten die Japaner denselben mit 3,16, wie Mikami in seinem

Werk in China und Japan feststellt. Sehr bedeutungsvoll erscheint mir hierbei das bereits früher erwähnte ethnische Problem. Die alten religiösen und mythologischen Traditionen der Japaner, die mit dem Ahnenkultus vermischt sind, enthalten Legenden und verhüllte Wahrheiten, die deutlich auf biblischen also semitischen Ursprung hinweisen. Interessant ist weiter, dass diese Erzählungen die Tradition eines alten, weit aus dem Westen eingewanderten Volkes darstellen. Bekanntermaßen gibt es im heutigen Japan zwei anthropologische Haupttypen, von denen einer eingeboren ist, der andere aber ausgeprägt semitische Merkmale aufweist, nämlich die des alten, herrschenden Eroberers. Diese vergleichenden Studien würden uns aber hier zu weit führen. Ich begnüge mich also damit, nur die Hauptpunkte anzugeben, die beweisen, wie universell und einheitlich die alt-ägyptischen Tradition und das alte kabbalistische Wissen waren. Das Britische Museum besitzt ein Dokument, das über 4000 Jahre alt ist, den sogenannten *Papyrus Rhind*, der beweist, dass bereits zu jener Zeit die Quadratur des Kreises die Köpfe der Gelehrten beschäftigte. Nihil novis sub sole – Es geschieht nichts Neues unter der Sonne! Tatsächlich kann man dort lesen, dass die Seite eines Quadrates, dessen Inhalt gleich dem eines Kreises mit gegebenem Radius ist, dem Verhältnis nach $(16:9)^2$ oder $16^2:9^2 = 256:81$ der Zahl Pi sehr nahe kommt!

Dieser Ausdruck ist aber im Grunde wiederum nichts anderes als die Beziehung des Durchmessers zum Kreisumfang, nämlich 3,16 oder der sehr angenäherte Wert der geheiligten kosmischen Schöpfungszahl.

*

Die den 78 Arkana des Tarots entsprechenden Schicksalskreise dienen in der kabbalistischen Astrologie dazu, mit Hilfe der aus Geburtsdaten, Namen und Vornamen sich ergebenden Zahlenwerte die Verteilung der Planeten im Zodiak zu bestimmen. Über die Theorie der auf den Tarotarkana aufgebauten planetaren Schicksalskreise hat keiner der bisherigen Autoren irgendwelche Andeutungen gemacht. Papus deutet bekanntlich den Tarot kabbalistisch. Die 22 großen Arkana setzt er in Beziehung zu den 22 Buchstaben des hebräischen Alphabetes, und die 56 kleinen Arkana leitet er aus der Vierzahl bzw. aus dem heiligen Gottesnamen Jod-He-Vau-He ab. Je nach Bild und Farbe zerfallen die Kleinen Arkana in 4 Gruppen von 4 Figuren und 10 Zählkarten. Die Zahl der letzteren lässt sich wiederum auf die Vierheit reduzieren: 1+2+3+4=10. Dieser kunstvollen kabbalistischen Deutung des Tarots haben wir im Vorhergehenden eine astrale Hypothese entgegengestellt.

Die Zahl der Tarotkarten lässt sich noch in andere Faktoren zerlegen, und zwar: 78 = 6 x 13. Diese Zerlegung hat den methodologischen Vorteil, dass dabei wiederum ein astrales Element zum Ausdruck gelangt und wir unsere Interpretation auf einheitliches Prinzip zurückzuführen vermögen. Der Faktor 6 besaß von jeher nicht nur eine mystische, sondern auch eine astrale Bedeutung. Arithmetisch betrachtet ist 6 die Verdoppelung der Zahl 3. Die Zahl 3 bzw. das Dreieck ist bekanntlich das Symbol der wirkenden Gottheit. Geometrisch wird die Zahl 6 durch zwei in einander verschobene gleichseitige Dreiecke, das bekannte Siegel Salomon oder Schild Davids, die alles umfassende Hagal-Rune, dargestellt. Da dies Doppeldreieck sich zeichnerisch aus der Halbierung des die Welt symbolisierenden Quadrates ableiten lässt, so gilt gemäß Dr. Erich Bischoff in seiner *Mystik und Magie der Zahlen*, die Sechs als Symbol der Gottheit in der Welt. Die Kabbalisten legen denn auch großen Wert darauf, dass der Name Sabaoth = Weltenherr aus 6 Buchstaben besteht (th gilt als ein Buchstabe.) Der sechsstrahlige Stern, für den auch die Bezeichnung Hexalpha existiert und der als mystisches Symbol in den Geheimwissenschaften aller Zeiten eine so große Rolle spielte, drückt durch die Proportionen seiner Winkel aus, dass die Erde in 365 Tagen 5 Stunden 40 Minuten 9,03 Sekunden in einer Entfernung von 232.710 Millionen 566932,577 ägyptischen Ellen = 148.148 Millionen Kilometer einen Umlauf um die Sonne vollendet, wie Dr. Fritz Noetling in seinem Buch *Die kosmischen Zahlen der Cheopspyramide* sagt, der den mathematische Schlüssel zu den Einheitsgesetzen im Aufbau des Weltalls nachzuweisen versuchte. Das größte Geheimnis des Magen David (= Schild-Hagal) – schreibt Noetling – liegt also in seiner Form derart, dass seine Abmessungen und Winkel durch die Entfernung der Erde von der Sonne, welche ja wiederum ihre Umlaufszeit bedingt, bestimmt sind. Aller Wahrscheinlichkeit nach ist somit der Magen David ein Symbol des Sonnen- und Lichtkultus, das in seiner Form vielleicht auch die Durchdringung der Materie durch das Licht oder den Geist versinnbildlicht. Es ist aber grundfalsch, den Magen David (Sonnengeflecht) so darzustellen, als ob er das Resultat der Durchdringung zweier gleichseitiger Dreiecke wäre, denn die Winkel eines gleichseitigen Dreiecks sind 60° und nicht 51, 14, 32. Ein gleichseitiges Dreieck hat aber keinerlei Beziehungen zur Entfernung der Erde von der Sonne oder ihrer Umlaufszeit.
Zeichnet man die beiden Dreiecke als gleichseitige, so lässt sich um diese Figur ein Kreis beschreiben, der durch die Eckpunkte sechsfach geteilt ist.

Der Sechsteilung des Kreises entsprechen die 6 Weltrichtungen und Dimensionen, die wir bereits im alten Babylon, im Judentum bei der Urbevölkerung Mexikos und China antreffen. Im alten Orient wurde allenthalben der Jahresumlauf der Sonne in sechs Doppelmonate zerlegt. Der vor-islamitische Kalender der Araber kennt ebenso wie viele nordisch beeinflusste Völker der Vorzeit sechs Jahreszeiten, und bei den meisten nord- und mittelamerikanischen Völkern lässt sich ebenfalls eine Rechnung nach sechs Doppelmonaten nachweisen.

Aber auch der Faktor 13 besaß von jeher außer einer mystischen eine kosmologische bzw. eine kalendarische Bedeutung. In einer sehr beachtenswerten Abhandlung *Weitere Verbindungslinien zwischen der Alten und Neuen Welt* hat Ferdinand Bork nachgewiesen, dass bei den Majas die 13 eine wichtige kalendarische Zahl war, die in innerem Zusammenhang steht mit den 13 Himmelsburgen der Germanen. Die 13 Himmelsburgen der Edda hält Bork sehr wichtig für die Geschichte der Entstehung des Tierkreises, und er gibt der Überzeugung Ausdruck, dass diese Einteilung altertümlicher als alle zwölfteiligen Tierkreise ist, die naturgemäß verstümmelt sind. Das Weltbild der Nordgermanen war der Wirklichkeit angepasst. Die volkstümlichen Namen für so manche Sternbilder und die eddischen Überlieferungen zeigen, dass die alten Germanen den Sternhimmel wirklich gekannt haben, schreibt Bork. Es kann ihnen daher nicht entgangen sein, dass ein Punkt des Himmels feststeht, und dass sich alles andere um ihn dreht. Wenn sie *Asgard* hoch über aller Welt angesetzt haben, so haben sie wohl nicht einen jeden Augenblick seine Lage verändernden Punkt im Auge gehabt, sondern werden es über oder an dem Polarsterne gesucht haben. Sodann schlussfolgert Bork: Ist aber die Polgegend des Himmels Asgard, so wird man in den Sternbildern im Umkreis die (12 + 1) 13 Göttersitze suchen müssen. Dem ist gegenüberzustellen, dass auch bereits E. Seler im alten Mexiko einen um den Pol herum gelagerten Tierkreis nachzuweisen vermochte. Bork glaubt weiterhin, dass die Germanen, oder schon das arische Urvolk, die Erfinder des dreizehnteiligen Tierkreises waren, der von Europa nach aller Welt, u.a. nach Amerika, gewandert sei und in der Folge durch Beseitigung des inneren Kreisringes in einen zwölfteiligen verstümmelt worden ist. Somit hätte die Zahl 13 ursprünglich eine genau ausgeprägte kosmologische Bedeutung gehabt, entgegen der Auffassung v. Bressensdorffs, welcher in *Zahl und Kosmos* noch schreibt: *„Keinen bestimmten Charakter hat die Zahl 13."*

Die kabbalistische Astrologie arbeitet mit 7 bzw. 8 Schicksalskreisen. Diese 7 Schicksalskreise werden mit den Namen der 7 Planeten bezeichnet, während der zu bestimmten Zwecken benutzte 8. Kreis, die Fantasie-Benennung *Zirkel der Rosenkreuzer* trägt. Diese Schicksalskreise sind zweifelsohne den Planetensphären des antiken Weltbildes nachgebildet. Im antiken Weltbild galt die Erde als der unverrückbar feststehende Mittelpunkt des Kosmos. Von ihr aus steigen übereinander empor die 7 Planetensphären, d. h. konzentrisch gedachte Kugeln, an deren Oberfläche die 7 Planeten kreisen. Die nach den 7 Planeten benannten Schicksalskreise stehen in Analogie zu diesen 7 Sphären. Über den sieben Planetensphären lag nach der gebräuchlichen Annahme eine achte Sphäre, nämlich jene der Fixsterne. Zu dieser bildet der sogenannte Schicksalskreis der Rosenkreuzer des Analogon, der dazu dient, Jahreshoroskope aufzustellen. Wir geben nachstehend die 7 Schicksalskreise in tabellarischer Zusammenstellung wieder. Für den praktischen Gebrauch empfiehlt es sich, auf eine Pappscheibe 7 konzentrische Kreise aufzuzeichnen, diese in 78 gleichgroße Abschnitte einzuteilen, worin die Arkana der Reihe nach eingeschrieben werden. Wir wiederholen, dass jeder Schicksalskreis mit den 22 großen Arkana beginnt. Da wir dieselben bereits erwähnt haben, werden sie der Einfachheit halber an dieser Stelle genannt.

Man wird bemerkt haben, dass außer den Planeten, in jedem Schicksalskreis vier königliche Sterne vorkommen. Wir müssen an dieser Stelle daher einige Worte über diese astralen Faktoren bemerken, die wir bisher noch nicht kennen gelernt haben. Diese Sterne, welche die hellsten in den diametral gegenüberliegenden Sternbildern Löwe-Wassermann und Stier-Skorpion sind, wurden seit Alters her in der Astrologie als königlich bezeichnet, weil sie Glanz, Aufstieg, Würde, Fürstliche Macht und Herrschaft verheißen. Ihre Namen sind:

- Regulus (im Löwen);
- Atair (im Wassermann),
- Aldebaran (im Stier) und
- Antares (im Skorpion).

Inbetreff der legendären Rosenkreuzer verweisen wir auf ihre verdienstvolle Arbeit hin.

Ordnungs-nummer	Zahlen-wert	Tarotsymbol	Deutung	Astrale Entsprech-ung
I	1	Gaukler.	Der Wille.	—
II	2	Päpstin.	Das Wissen.	☽
III	3	Kaiserin.	Die Tat.	♀
IV	4	Kaiser.	Der Stoff; die Verwirklichung.	♃
V	5	Papst.	Idee. Inspiration.	♈ ♂
VI	6	Liebespaar.	Das Gute und das Böse.	♉ ☽
VII	7	Wagen.	Triumpf. Erfolg.	♊ ☉
VIII	8	Gerechtigkeit.	Gegensätzlichkeit. Gerechtigkeit.	⊗ ♀
IX	9	Eremit.	Klugheit. Geheimnis.	♌ ♃
X	10	Schicksalsrad.	Schicksal.	♍ ☿
XI	20	Kraft.	Kraft. Selbstvertrauen.	♂
XII	30	Gehängte.	Selbstverleugnung. Opfer.	♎ ☽
XIII	40	Tod.	Tod. Umwandlung.	—
XIV	50	Mäßigkeit.	Entschlußfähigkeit, Antrieb, Umsturz der Verhältnisse.	☉ ♏
XV	60	Teufel.	Das Unabwendbare. Fatum. Stolz. Selbstüberhebung.	♐ ♄
XVI	70	Blitz.	Aufstieg gefolgt von Niedergang. Rückschläge. Ruin.	♑ ♃
XVII	80	Sterne.	Hoffnung. Zukunftsfreudigkeit.	☿
XVIII	90	Mond.	Enttäuschung. Fehlschläge, unberechtigte Zuversicht.	♒ ♀
XIX	100	Sonne.	Glück in materieller Hinsicht. Ungewöhnliches Lebensschicksal.	♓ ♃
XX	200	Gericht.	Berufliche Veränderungen. Wechselndes Glück.	♄
XXI	300	Narr.	Erfolg. Würden. Ehren.	☉
XXII	400	Welt.	Protektion mannigfacher Art.	⊙

Die Sieben Schicksalskreise.

Arkana I bis XXII (s. S. 179)	Zahlenwert		Saturn.	Jupiter.	Mars.	Sonne.	Venus.	Merkur.	Mond.
XXIII	9		königl. Stern im ♌	königl. Stern im ♌	königl. Stern im ♌	königl. Stern im ♌	königl. Stern im ♌	königl. Stern im ♌	königl. Stern im ♌
XXIV	5								
XXV	6								
XXVII	7								
XXVIII	1		Zepter	Zepter	Zepter	Zepter	Zepter	Zepter	Zepter
XXIX	2								
XXX	8								
XXXI	4								
XXXII	5								
XXXIII	6								
XXXIV	7								
XXXV	8								
XXXVI	9								
XXXVII	10		königl. Stern im ♉	königl. Stern im ♉	königl. Stern im ♉	königl. Stern im ♉	königl. Stern im ♉	königl. Stern im ♉	königl. Stern im ♉
XXXVIII	6								
XXXIX	8								
XL	9								
XLI	10	20							
XLII	1	30	Arkana XIII. Tod.	Arkana XIII.	Arkana XIII.	Arkana XIII.	Arkana XIII.	Arkana XIII.	Arkana XIII.
XLIII	2	40							
XLIV	3	50							
XLV	4	60							
XLVI	5	70							
XLVII	6	80							
XLVIII	7	91							
XLIX	8	100							
L	9	200							
LI	10	90	königl. Stern im ♒	königl. Stern im ♒	königl. Stern im ♒	königl. Stern im ♒	königl. Stern im ♒	königl. Stern im ♒	königl. Stern im ♒

LII	30		☿ in ♎	☽ in ♎	♄ in ♎	♃ in ♎	♂ in ♎	☉ in ♎	♀ in ♎
LIII	50		♂ im ♏	☉ im ♏	♀ im ♏	☿ im ♏	☽ im ♏	♄ im ♏	♃ im ♏
LIV	60		☉ im ♐	♀ im ♐	☿ im ♐	☽ im ♐	♄ im ♐	♃ im ♐	♂ im ♐
LV	1		Schwerter	Schwerter	Schwerter	Schwerter	Schwerter	Schwerter	Schwerter
LVI	2		☽	☽	☽	☽	☽	☽	☽
LVII	3		♀	♀	♀	♀	♀	♀	♀
LVIII	4		♃	♃	♃	♃	♃	♃	♃
LIX	5		♂ im ♈	☉ im ♈	♀ im ♈	☿ im ♈	☽ im ♈	♄ im ♈	♃ im ♈
LX	6		☉ im ♉	♀ im ♉	☿ im ♉	☽ im ♉	♄ im ♉	♃ im ♉	♂ im ♉
LXI	7		♄ in ♊	♃ in ♊	♂ in ♊	☉ in ♊	♀ in ♊	☿ in ♊	☽ in ♊
LXII	8		♀ im ♋	☿ im ♋	☽ im ♋	♄ im ♋	♃ im ♋	♂ im ♋	☉ im ♋
LXIII	9		☿ im ♌	☽ im ♌	♄ im ♌	♃ im ♌	♂ im ♌	☉ im ♌	♀ im ♌
LXIV	10		♂ in ♍	☉ in ♍	♀ in ♍	☿ im ♍	☽ in ♍	♄ in ♏	♃ in ♍
LXV	50		königl. Stern im ♏	königl. Stern im ♏	königl. Stern im ♏	königl. Stern im ♏	königl. Stern im ♏	königl. Stern im ♏	königl. Stern im ♏
LXVI	70		♄ in ♑	♃ im ♑	♂ im ♑	☉ im ♑	♀ im ♑	☿ im ♑	☽ im ♑
LXVII	90		♀ im ♒	☿ im ♒	☽ im ♒	♄ im ♒	♃ im ♒	♂ im ♒	☉ im ♒
LXVIII	100		☿ in ♓	☽ in ♓	♄ in ♓	♃ in ♓	♂ in ♊	☉ in ♓	♀ in ♓
LXIX	20	1	♂ gekrönt	♂ gekrönt	♂ gekrönt	♂ gekörnt	♂ gekrönt	♂ gekrönt	♂ gekrönt
LXX	30	2	☽ in ♎	♄ in ♎	♃ in ♎	♂ in ♎	☉ in ♎	♀ in ♎	☿ in ♎
LXXI	40	3	Arkana XIII. Tod.	Arkana XIII.	Arkana XIII.	Arkana XIII.	Arkana XIII.	Arkana XIII.	Arkana XIII.
LXXII	50	4	♄ im ♏	♃ im ♏	♂ im ♏	☉ im ♏	♀ im ♏	☿ im ♏	☽ im ♏
LXXIII	60	5	♀ im ♐	☿ im ♐	☽ im ♐	♄ im ♐	♃ im ♐	♂ im ♐	☉ im ♐
LXXIV	70	6	♃ im ♑	♂ im ♑	☉ im ♑	♀ im ♑	☿ im ♑	☽ im ♑	♄ im ♑
LXXV	80	7	☿	☿	☿	☿	☿	☿	☿
LXXVI	90	8	♂ im ♒	☉ im ♒	♀ im ♒	☿ im ♒	☽ im ♒	♄ im ♒	♃ im ♒
LXXVII	100	9	☽ in ♓	♄ in ♓	♃ in ♓	♂ in ♓	☉ in ♓	♀ in ♓	☿ in ♓
LXXVIII	200	10	♄	♄	♄	♄	♄	♄	♄

„Helle und in erhabenen, majestätischen Strahlen glänzende Sterne", heißt es bei F. Maternus, findet man in allen Zeichen, jedoch den königlichen Stern nur in vier Zodiakzeichen, nämlich im Löwen, im Skorpion, im Wassermann und im Stier. Jene vier Sternbilder erfreuten sich nicht nur in der griechischen und babylonischen Astrologie einer besonderen Wertschätzung, sondern spielten auch im Astralmythos, so namentlich bei Ezechiel und in der Apokalypse, eine große Rolle. In der kabbalistischen Astrologie werden diesen vier königlichen Sternen folgende Bedeutungen unterlegt:

- Im Stier (Erde). Erfolgt durch das andere Geschlecht, Protektion und die Gunst durch Frauen, Liebschaften, Verhältnisse, Heirat.
- Im Löwen (Feuer): Gunst, Protektion von hochgestellten Persönlichkeiten, Erfolge, Berühmtheiten.
- Im Skorpion (Wasser): Gefahren, Verwundungen, mächtige Feinde, Gunst und Heirat.
- Im Wassermann (Luft): Aufstieg, Glück in militärischer Laufbahn, mächtige Feinde.

Weiterhin wird die eigentümliche Bezeichnung gekrönter Mars in den verschiedenen Schicksalskreisen aufgefallen sein. Dass es sich hierbei nicht um einen zodiakale handelt, ergibt sich allein schon aus der Erwägung, dass Mars nicht im Zeichen Steinbock liegt, sondern gewissermaßen im Widder glorifiziert oder gekrönt ist. Allem Anschein nach ist die Bezeichnung gekrönter Mars eine Verballhornung und bezieht sich nicht auf einen Planeten, sondern ebenfalls auf ein Sternbild.

Für die Identifizierung dieses Sternbildes gibt uns Boll (*Offenbarung Johannis*) gewisse Anhaltspunkte und es scheint sich demnach um das Hundsgestirn zu handeln, das bei den Babyloniern Bogenstern genannt wurde, das gleichzeitig mit dem Löwen aufgeht und auch sonst aus kalendarischen Rücksichten mit letzterem kombiniert worden ist. Für die Divination wird dem gekrönten Mars die allgemeine Bedeutung Glück, Erfolg, Macht, Ehre unterlegt, gleichwie dem königlichen Stern im Löwen. Wie die Bezeichnung gekrönter Mars an Stelle eines Macht und Erfolg verheißenden Sternbildes treten konnte, ergibt sich daraus, dass die Begriffe Kriegsheld (Mars) und Herrscher nahe zusammenstehen und der Kranz oder die Krone Attribute des Herrschers sind. Der Name des Kriegsgottes ist Gradivus, dass bedeutet, der das Heer im Kampf anführt. Als Vater von Romulus und Remus wurde Mars als der Stammvater der

Römer verehrt. Im Lateinischen ist der Name (Martius) geweiht. Im März tritt die Sonne ins Zeichen des Widder, eines der Marsdomizile, und in den Schicksalskreisen treffen wir außerdem noch vier andere Symbole an, die folgenden Bedeutung haben:

- Zepter: Schöpferisch Fähigkeiten, erfolgreiche Unternehmung, hervorragende Stellung, Macht.
- Schwerter: Überwindung von Schwierigkeiten, Sieg, Triumph, Glück, jedoch auch Gefährdung, Bestrafung oder Ehre.

Zu den 78 lautmagischen Arkanen gehören die rituellen Bestandteile des Kelches und der Münzen, wie er auch im Golden Dawn seine Anwendung findet.

Arkana XIII, in Bezug auf die 13 germanischen Gotteshäuser, trägt, wie wir bereits gesehen haben, die Bezeichnung der Tod. Mit diesem Symbol sind folgende Ideenassoziationen verknüpft: Gefahr für den Körper, Tod, Zerstörung Fehlschläge, Verlust und dergleichen.

Die zwölf Tierkreiszeichen (Häuser) dienen zu die Aussage der Planeten und gewisser Kategorien des Schicksals. Der Ursprung dieser Systematik ist die Frage nach den eigentlichen Häusern des Horoskops. Soviel steht zeitlich jedoch fest, dass die ursprüngliche Astrologie **keine Häuser** gekannt hat, und auch die namhaften Astrologen der späteren Zeiten, so wie Johannes Kepler, haben diese Einleitung jeder Berichtigung abgesprochen. Denn es sind nur Teilungen der Himmelssphäre in der Analogie zu der Einteilung des zwölften Zeichen des Tierkreises vorzunehmen, um eine größere Differenzierung der Prognose zu ermöglichen. Denn schon die Symbole für den Planeten Saturn zeigt dies und auch das des Uranus, des grünen Sternes, wie er in der heutigen Astronomie oft genannt wird (im Trialogon ist grün die 7. Farbe). Hierfür schuf man eine Glyphe mit dem Pfeil oder der T = Tyr Rune. Der sonnenähnliche Uranus gelten somit und sein gesamter astrologischer Wert darauf als der eigentliche Stern des Weltenbaumeisters und des Weltenbaus. Alle Körper, ob Kristalle, Pflanzen, Menschen oder Sonnen- und Weltsysteme sind immer nach seinem Pluskreuz gebaut, sie erscheinen im Körper als Leid und Schicksal bestimmend, das ist als Weltgesetz zu nehmen, dessen Erfüller eben der Weltenbaumeister genannt werden muss. Hier steht auch die Siebenzahl als Esoterium an der rechten Stelle. Äußerlich ist die Welt siebenfach, innerlich neun.

Wie aber lautet nun der Mysterienname der wahren Esoterik für all diese

Erkenntnisse? Wieder sehen wir, dass fast alle Völker gleich dachten. In Kleinasien lehrten die Apostel des Jesus, dass das Pluskreuz das Zeichen des Gottvaters ist, auf ihre Stirnen geschrieben war, der Name aber dieses Gottvater sei Tau. Es ist das griechische und semitische Wort des Buchstaben T, denn dieser Buchstabe nimmt zugleich das esoterische Symbol des Nilschlüssels, das Taukreuz (Ankh) auf dem das Auge Gottes steht; oder auch das Schöpferische Ei, die Zahl 7, das Ovum, das Oval steht für 7 und die 4 für To, gesprochen Tau, und Tao werden ein Symbolwort für den Weltenbaumeister. Denn der Name ist nämlich in esoterischer Hinsicht der Schlüssel zu den Arkanen, was von jetzt an alle Mysterien berücksichtigt. Überall taucht dieser Mysterienname in den Symbolen der Völker auf und man sieht, dass die Esoteriker alle Zeiten das lautmagische Urwort und Ursymbol spiegeln konnten. Der Himmelsschöpfer und der Erdenschöpfer wurden in Ägypten P-Tah genannt. In Griechenland nannte man den Gott Theos, die Römer Deus.

Und nun erkennt ein Geister-Meisterstück!
So wie sie wandeln, machen sie Musik.
Aus luft´gen Tönen quillt ein Weißnichtwie,
Indem sie ziehn, wird alles Melodie.
Der Säulenschaft, auch die Triglyphe klingt,
Ich glaube gar, der ganze Tempel singt.

*

In der Erschließung der Arkanen hängt der Viererschlüssel der Merkur-Wesen in enger analoger Beziehung mit den 78 Karten der Weisheit zusammen, indem der Qualitätsschlüssel die runische Formel ergibt, die beim Sprechen geraunt und gestellt wird. Zur besseren Anschauung verweise ich dazu auf unsere Runen-Bände, denn man muss sich mit den entsprechenden Ideen von dem 1. bis zum 72. Genius verbinden.

Die restlichen sechs Karten haben folgende Bedeutung, wie das Franz Bardon richtig in der Evokation beschreibt: *„Zwischen den 78 Tarotkarten und den 72 Genien der Merkurzone wird der meditierende Magier einen gewissen Zusammenhang finden und von den 6 überzähligen Karten 4 den Elementen und 2 der Polarität zuerkennen. Die erste Tarotkarte symbolisiert die geistige Entwicklung des Menschen. Ein für diese Entwicklung genau ausgearbeitetes System enthält mein erstes Werk, betitelt „Der Weg zum wahren Adepten". Die zweite Tarotkarte weist auf die Verbindung mit Wesen aller Sphären hin. Den praktischen*

Arbeitsvorgang für diese Verbindung beschreibe ich im vorliegenden Buch. Mit der dritten Tarotkarte wird auf die kosmische Sprache, das ist die Quabbalah, hingewiesen, über die ich in meinem dritten Werk, „Der Schlüssel zur wahren Quabbalah", eingehend berichte. Den überlieferten Aufzeichnungen gemäß war Hermes Trismegistos ein Vertreter des höchsten Wissens, ein leuchtendes Beispiel menschlicher Intelligenz und eines erleuchteten Verstandes, der Merkursphäre entsprechend, da ja diese Sphäre dem unsterblichen Geist zugeschrieben und ihm auch analog ist. Die 72 Genien der Merkursphäre stehen zwar mit den ursprünglichen Tarotkarten zahlenmäßig im Einklang, aber diese Genien werden nicht der Reihe nach durch je eine Tarotkarte vertreten, sondern alle 72 Genien zusammengenommen bilden nur einen Abschnitt der zweiten Tarotkarte, da ja, wie schon bemerkt, durch die zweite Tarotkarte die gesamte sphärische Magie zum Ausdruck gebracht wird. Jedoch im zahlenmäßigen Zusammenhang der 72 Genien mit den 78 Tarotkarten ist ein geheimer quabbalistischer Schlüssel der Merkursphäre verborgen.

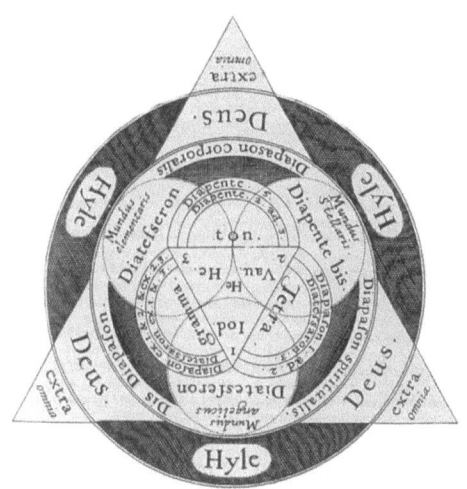

Die Raute stellt eine Rune im Symbol des Kreises von Robert Fludd statt dar. Die Spitze wird immer nach Osten gerichtet, oder man verwendet das alchemistische Symbol der Pyramide von Kreis, Dreieck und Viereck, wie es Anion aufgezeichnet hatte.

Von vielen Quabbalisten werden die 72 Genien der Merkursphäre irrtümlicherweise als der Schemhamphoras, der aus 72 Buchstaben zusammengesetzte unaussprechliche Name Gottes, angesehen. Statt dessen ist dieser Schemhamphoras, der unaussprechliche Namen Gottes, im sogenannten Tetragrammaton – auch Adonay – durch den viersilbigen Buchstaben JOD-HE-VAU-HE – zum Ausdruck gebracht. Dem wahren Eingeweihten und Quabbalisten ist jedoch bekannt, dass die mit Nummern versehenen Namensbezeichnungen zahlenmäßige Schlüssel sind, die sich auf den Gebrauch, auf die Methoden und Anleitungen beziehen. Näheres darüber findet jeder Magier in meinem dritten Werk „Der Schlüssel zur wahren Quabbalah", das die quabbalistische Mystik und die Formelmagie, also die praktische Theurgie, behandelt. "

Dort wird der 4er-Schlüssel von Franz Bardon bekanntgegeben, den ich hier der Vollständigkeit halber anführen möchte:

Der quabbalistische Gebrauch Göttlicher Namen und Wesen:

„Von der Beschreibung der Schlüssel, ihrer Entsprechungen und Analogien führe ich den Quabbalisten zur Vertiefung seines Geistes in eines der tiefsten Geheimnisse der Quabbalah, welches der quabbalistische Gebrauch von Göttlichen Namen und Wesen ist. Bevor ich auf Einzelheiten näher eingehe, muss sich der Quabbalist des großen quabbalistischen Grundsatzes bewusst werden, nämlich, dass Kräfte, wie z. B. die Elemente, das elektromagnetische Fluid, ja sogar ein gewisser Aspekt des Akashaprinzipes als Quantität zu werten sind und nicht mit Qualitäten verwechselt werden dürfen. All das, was eine Kraft repräsentiert, demnach stofflich – wenn auch in feinster Form – besteht und daher als Materie zu werten ist. Mächte, Tugenden, Eigenschaften, Fähigkeiten sind demnach Qualitäten und sind mit Kräften nicht zu verwechseln. Diesen Unterschied muss der Quabbalist genau wissen, will er keinen Fehler begehen, was leider bei vielen Quabbalah-Studierenden sehr oft vorkommt. Deshalb verwechsle man beim quabbalistischen Gebrauch der Buchstaben niemals diese Grundregel. Wenn von irgendeiner Quantität, also Kraft, ganz gleich ob elementischer oder Fluidkraft die Rede ist, so handelt es sich immer um einen Stoff. Beim Arbeiten mit Formeln hat diese Grundregel große Bedeutung und es ist ein Unterschied, ob man eine Kraft anwendet, steigert oder sie ins Akashaprinzip, ins Mental, Astral oder ins Grobstoffliche verlegt, ob nun in Form von Volten oder durch Schwingungen usw. oder

aber, ob dieselben Kräfte bei sich und bei anderen in den Mentalkörper, Astralkörper oder in den grobstofflichen Körper einverleibt werden. Mächte verschiedener Art, Tugenden, Eigenschaften und Fähigkeiten ob im Akashaprinzip, im Mental, Astral oder in der grobstofflichen Welt angewendet, können auch ohne Kraft- oder Stoffstauung vor sich gehen, also ganz unbewusst zur Quantität gehoben werden. Ist dies der Fall, versuchen sich die gesteigerten Fähigkeiten irgendwie zu realisieren, wozu sie ganz automatisch ein bestimmtes Quantum ihrer analogen Kraft aufwenden. Bei diesem Vorgang geht es jedoch immer auf Kosten der betreffenden Vitalität des mentalen, astralen oder grobstofflichen Körpers, mitunter sogar auf Kosten des Schicksals. Die meisten Religionssysteme und vielfach auch die sogenannten Einweihungssysteme lassen diese Grundregel unbeachtet und beschäftigen sich größtenteils nur mit Tugenden, Eigenschaften oder Fähigkeiten, ohne vom analogen Quantitätsstoff, also Kraftstoff, Lebensstoff der zu hebenden Tugend oder Fähigkeit Gebrauch zu machen.

Dieser grobe Grundfehler wirkt sich natürlich nachteilig aus, mitunter in schweren Disharmonien, Fehlschlägen, Misserfolgen, ja sogar in verschiedenen Störungen der Gesundheit, welche wiederum zu verschiedenen pathologischen Zuständen führen können. Hebt daher ein Quabbalist irgendeine oder mehrere Fähigkeiten im Mental-, Astral- oder im grobstofflichen Körper, ob durch Quabbalah oder auf Grund irgendeiner

magischen Anwendung, wie z. B. Ritual, Suggestion-, Unterbewusstseins-Beeinflussung, ohne dass er die den entsprechenden Fähigkeiten notwendige Kraft – Kraftstrahlung – zuführt, dann müssen sich logischerweise früher oder später entweder Misserfolge oder andere unerwünschten Einflüsse einstellen. Des Öfteren werden auch in vielen Eingeweihtenlogen, welche nur eine Hebung bestimmter Tugenden erzielen, ohne Rücksicht darauf, auf welcher Basis sie ihr System aufgebaut haben, verschiedene Begleiterscheinungen – Erlebnisse – wie z. B. Visionen, Halluzinationen, ekstatische Verzückungen u. dgl. verzeichnet und irrtümlicherweise als gewisse Reifegrade geistiger Entwicklung gedeutet. Wie falsch diese Annahme ist, wird dem wahren Quabbalisten sofort klar, wenn er die universalen Gesetze kennt, beherrscht, berücksichtigt und sie richtig in Anwendung bringt. Jede Nutzanwendung quabbalistischer Formelmagie muss qualitativ und quantitativ sein, um nicht Einseitigkeit zu erleben.

Ein kleines Beispiel möge dazu beitragen, den Unterschied zwischen Qualität und Quantität zu kennzeichnen. Ein starker muskulöser Mensch muss nicht immer die seiner Kraft entsprechenden Qualitäten besitzen und umgekehrt: Ein schlanker Mensch, der sämtliche Asanas – Körperstellungen – der größten Yogis ohne Weiteres einzunehmen versteht, muss nicht ihre Fähigkeiten haben. Dieses Beispiel genügt, um zu wissen, dass Fähigkeiten mit Kräften nicht zu verwechseln sind. Deshalb hat der Quabbalist in den vorhergehenden Stufen gelernt, die Entsprechungen der Buchstaben – Formeln – sowohl qualitativ, als auch quantitativ anzuwenden. Die vorbereitenden Übungen meines ersten Buches „Der Weg zum wahren Adepten" hat ihn konzentrieren, d. h. verdichten gelehrt, ferner die Kunst, Kräfte quantitativ zu stauen, welche erst nach ihrer Beherrschung qualitativ in Einklang gebracht wurden.

Diese kleine Abschweifung war äußerst wichtig, da der wahre Quabbalist qualitativ und quantitativ zugleich arbeitet.

Alle Göttlichen Namen, alle überlieferten Namen von Engeln, Erzengeln, Vorstehern, Genien usw. haben, falls sie wirklich quabbalistisch echt, also entweder traditionell oder auf Grund eigener Praxis ermittelt worden sind, in ihren Namen ihre quantitative Kraft und qualitative Macht – Eigenschaften, Fähigkeiten, Tugenden usw. – . Dieser Grundsatz muss auch beim quabbalistischen Gebrauch Göttlicher Namen stets berücksichtigt werden, will der wahre Quabbalist nicht denselben Fehler begehen, wie viele anderen nämlich, dass er sich unter einem Göttlichen Namen – Engelsnamen, Geniennamen usw. – eine personifizierte Wesenheit, ausgestattet mit den ihr zugeschriebenen Fähigkeiten, Wirkungsbereichen usw. vorstellt.

Es ist wohl üblich, sich unter dem Gesamtkomplex einer bestimmten Formel – einer gewissen Anzahl von Buchstaben – ein personifiziertes Wesen vorzustellen, was vom magischen Standpunkt aus auch richtig ist, da der Gesamtkomplex von Kräften und Fähigkeiten einer bestimmten Form analog ist und mit dieser als personifiziertes Wesen identifiziert wird, da sich ja sonst ein Wesen nicht darstellen ließe. Denn was keine Form, keine Kraft oder Fähigkeit hat, existiert in der Schöpfung nicht. Der Quabbalist weiß aber auch, dass die zusammengestellten Buchstaben, die ein Wesen darstellen, gleichzeitig eine quabbalistische Formel sind und einen analogen Zusammenhang mit Kräften und Eigenschaften haben, respektive das betreffende personifizierte Wesen hiermit beschreiben.

Dies muss der praktisch arbeitende Quabbalist berücksichtigen, wenn ein

Magier, der ein Wesen evoziert, ruft den Gesamtkomplex, das ist die gesamte Form, welche die Kräfte und Fähigkeiten, also Quantitäten und Qualitäten darstellt, als Form an. Deshalb evoziert der beschwörende Magier das Wesen mit seinem ganzen Namen – Gesamtkomplex qualitativ und quantitativ –, welches entsprechend seiner Qualität und Quantität nach außen hin erscheint. Diesen Umstand habe ich bereits in meinem zweiten Werk: „Die Praxis der magischen Evokation" erwähnt, in welchem ich die Qualitäten der einzelnen Wesen beschrieben habe, die sich dann ihren Eigenschaften gemäß symbolisch zeigen. Darum bestehen auch die verschiedensten Formen von Wesen, weil diese den Eigenschaften analog sind.

Ein Magier und Quabbalist, der die Universalgesetze und ihre Entsprechungen kennt, kann sofort auf Grund der Erscheinung des betreffenden Wesens – symbolische Ausdrucksweise – die Analogien des Wesens feststellen. Deshalb ist z. B. ein Venuswesen, welchem die Venus-Entsprechungen zustehen, außerstande, die symbolische Erscheinungsform etwa eines Saturnwesens anzunehmen. Wird also der Quabbalist mit Göttlichen Namen quabbalistisch arbeiten, d. h. sich die ihnen analogen Kräfte und Tugenden qualitativ und quantitativ aneignen, macht er nicht auf einmal vom ganzen Namen Gebrauch, denn das wäre soviel, wie wenn er den Gesamtschlüssel – die Wesenheit – anrufen würde. Aber er wird den betreffenden Namen als Gesamtkomplex buchstabenmäßig gebrauchen. Würde er also beispielsweise den allgemein gebräuchlichen Engels-Namen Gabriel wählen, dann wird er ihn nicht auf einmal als Gesamtkomplex quabbalistisch aussprechen, sondern in Buchstaben zerlegen. Je nachdem, mit welchem Schlüssel der Quabbalist zu arbeiten wünscht, entweder mit dem Einser-, Zweier-, Dreier- oder Viererschlüssel, wird er stets so vorgehen, wie ich es in den Elementeformeln geschildert habe. Er wird einen Teil des Namens entweder mit einem oder mit zwei Buchstaben ins Akasha verlegen, die übrigen Buchstaben in das Mentalreich, in das Astralreich und in die grobstoffliche Welt. Er kann also, je nachdem, wo er die Qualität oder Quantität des gewählten Namens quabbalistisch gebraucht, einen, zwei oder drei Buchstaben des Namens in die einzelnen Ebenen qualitativ oder quantitativ verlegen.

Der Quabbalist ist somit an Hand dieses Schlüssels in der Lage, den Namen eines Wesens quantitativ und qualitativ zu zerlegen – buchstabenmäßig aufzuteilen – und quabbalistisch anzuwenden. Hieraus ist zu ersehen, dass der Machtbereich jedes Wesens – ohne Rücksicht auf die Sphärenzugehörigkeit – seinem Namen analog ist. Die Zerlegung des Namens eines Wesens und Verlegung in die gewünschte Ebene – Mentalreich, Astralreich und grobstoffliche Welt –, sowie die Anwendung der einzelnen Buchstaben des Wesen – Namens nennt man den wahren quabbalistischen Gebrauch Göttlicher Namen. Der Unterschied zwischen einem Magier und einem Quabbalisten liegt darin, dass der Magier mit dem Gesamtkomplex der Kräfte und Mächte, also quantitativ und qualitativ als ganze Wesenheit wirkt, wohingegen der Quabbalist den Namen eines Wesens zerlegt und von ihm laut den Schlüsseln akashamäßig, mentalisch, astralisch und grobstofflich qualitativ und quantitativ Gebrauch macht. Dadurch erreicht er dieselben Kräfte – quantitativ –, Mächte, Fähigkeiten, Tugenden Eigenschaften usw. – qualitativ –, welche er selbst gebraucht, ohne mit dem Gesamtkomplex, das ist mit dem geformten Wesen in irgendeiner Verbindung stehen zu müssen.

Diese Grundregel unterscheidet Magie von Quabbalah. Der Magier ruft das gewünschte Wesen herbei oder versetzt sich irgendwie in dessen Sphäre, oder er versucht auf irgendeine passive Weise mit dem Wesen in Verbindung zu kommen, um die gewünschten Kräfte oder Wirkungen zu erzielen. Der Quabbalist hingegen bedient sich der Namen von Wesen als Schlüsselwort und das, was der Gesamtkomplex des angerufenen Wesens zustandebringt, eignet er sich mit Hilfe der Quabbalah selbst an und erreicht gleichfalls die gewünschte Wirkung.

Hieraus geht hervor, dass Magie zwar leichter ist, dass man aber auf den Gesamtkomplex eines Wesens angewiesen ist. Der Quabbalist bringt all das, was ein Wesen erreicht, selbst zustande, indem er den Namen des Wesens als Schlüsselwort oder als Formel quabbalistisch anwendet. Ein Eingeweihter muss jedenfalls beides zu beherrschen wissen und bedient sich der Wesen meistenteils nur dann, wenn er aus Mangel an Zeit sich mit dieser oder jener Angelegenheit nicht selbst befassen kann und daher die Aufgabe einem Wesen überträgt. Will sich der Quabbalist die Fähigkeiten oder Kräfte eines Wesens aneignen, so gebraucht er den Namen des Wesens als Formel.

Ich sehe davon ab, in diesem Werk nochmals die Wesen der zehn Sphären unseres Universums anzuführen. Der Quabbalist, der sich die Kräfte und Mächte der einzelnen Wesen qualitativ und quantitativ aneignen will, findet hierfür die genaue Arbeitsmethode in meinem zweiten Werk „Die Praxis der magischen Evokation“, in welchem ich die Namen der Vorsteher, Genien usw., der einzelnen Sphären nebst ihrem

Wirkungsbereich angegeben habe.

Wenn also der Quabbalist irgendeine Fähigkeit eines Vorstehers selbst besitzen will, so muss er den Namen des Vorstehers quabbalistisch dem Viererschlüssel – Realisierungsschlüssel – gemäß akashamäßig, mentalisch, astralisch oder grobstofflich anwenden.

Eine kleine Ausnahme, über welche ich in meinem zweiten Werk keine Erwähnung mache, bildet das Schem-Ham-Phor-Ash, die 72 Genien der Merkurzone, welche mit dem Geistkörper einen ganz bestimmten analogen Zusammenhang haben. Das Schem-Ham-Phor-Ash enthält auch das Mysterium des aus 72 Buchstaben zusammengesetzten Gottesnamens, mit welchem – laut der hebräischen Quabbalah – die höchste Ausdrucksweise der Gottheit als längster Gottesname gekennzeichnet ist.

Mit den Namen der 72 Genien der Merkurzone werden nur die Qualitäten dieser Genien zum Ausdruck gebracht, aber keinesfalls ihre Quantitäten, also der Kraftstoff, welcher die Realisierung auf der grobstofflichen Ebene bewirkt. Die Quantitäten der 72 Genien äußern sich im Viererschlüssel und kommen als vierbuchstabige Gottesnamen zum Ausdruck. Die quantitative Form oder Buchstabenverbindung gibt jeweils den übergeordneten Gottesnamen des betreffenden Genius an.

In vielen Schriften, welche über die 72 Genien oder über den Schem-Ham-Phor-Ash schreiben, wird zwar der übergeordnete Gottesname angegeben, aber der wahre Sinn oder der Schlüssel wird nicht geoffenbart. Ich führe deshalb den Quantitätsschlüssel, also den Kraftstoff-Schlüssel, welcher in dem Gottesnamen der 72 Genien der Merkurzone zum Ausdruck gelangt, der Reihe nach an.

Der erste Genius VEHUIAH hat den Kraftschlüsselnamen JHVH. Der Geniusname Vehuiah drückt demnach die qualitative Form aus und durch den Viererschlüssel, das Jod He Vau He kommt der Quantitäts- oder der Kraftstoffschlüssel zum Ausdruck.

Nachfolgend führe ich der Reihe nach alle 72 Genien mit ihren ersten Namen als dem Qualitätsschlüssel an und gleich anschließend folgt ihr Gottesname als der Quantitätsschlüssel – Kraftstoff-Schlüssel.

Qualitätsschlüssel: Quantitätsschlüssel:

1. *Vehuiah   Jod-He-Vau-He*
2. *Jeliel   Aydi*
3. *Sitael   Schiha*

4.	Elemiah	Alla
5.	Mahasiah	Toth
6.	Lelahel	Abgd
7.	Achaiah	Dodo
8.	Kahetel	Moti
9.	Aziel	Agzi
10.	Aladiah	Sipi
11.	Lauviah	Deus
12.	Hahaiah	Zeus
13.	Jezalel	Boog
14.	Mebahel	Dios
15.	Hariel	Idio
16.	Hakamiah	Dieu
17.	Lanoiah	Goth
18.	Kaliel	Boog
19.	Leuviah	Bogi
20.	Pahaliah	Tios
21.	Nelekael	Bueg
22.	Jeiaiel	Good
23.	Melahel	Dieh
24.	Hahuiah	Esar
25.	Nith-Haiah	Orsi
26.	Haaiah	Agdi
27.	Jerathel	Teos
28.	Séeiah	Adad
29.	Reiiel	Zimi
30.	Omael	Tusa
31.	Lekabel	Teli
32.	Vasariah	Anot
33.	Jehuiah	Agad
34.	Lehahiah	Aneb
35.	Kevakiah	Anup
36.	Menadel	Alla
37.	Aniel	Abda
38.	Haamiah	Agla
39.	Rehael	Goot
40.	Ieiazel	Goed
41.	Hahahel	Gudi

42.	Mikael	Biud
43.	Veubiah	Solu
44.	Ielahiah	Bosa
45.	Sealiah	Hoba
46.	Ariel	Piur
47.	Asaliah	Kana
48.	Mihael	Zaca
49.	Vehuel	Mora
50.	Daniel	Pola
51.	Hahasiah	Bila
52.	Imamiah	Abag
53.	Nanael	Obra
54.	Nithael	Bora
55.	Mebaiah	Alai
56.	Poiel	Illi
57.	Nemamiah	Popa
58.	Jeialel	Para
59.	Harahel	Ella
60.	Mizrael	Gena
61.	Umabel	Sila
62.	Jah-Hel	Suna
63.	Amianuel	Miri
64.	Mehiel	Alli
65.	Damabiah	Tara
66.	Manakel	Pora
67.	Eiaiel	Bogo
68.	Habuiah	Deos
69.	Rochel	Deos
70.	Jabamiah	Aris
71.	Haiel	Zeut
72.	Mumiah	Kalo

Bei der magischen Anrufung wird als qualitativer Gesamtkomplex das Wesen – Genius, Vorsteher usw. – so angerufen, wie ich es im Buche der Evokation angeführt habe. Beim quabbalistischen Gebrauch werden jedoch
die zwei letzten Buchstaben der Namen, das sind entweder EL oder AH stets weggelassen. Mit diesen zwei Buchstaben, welche jedem Namen

zugegeben wurden, wird die Göttliche Qualitätsangabe besser zum Ausdruck gebracht. Quabbalistisch müsste also z. B. der erste Genius nicht VEHUIAH heißen, sondern bloß VEHUI, der zweite Genius nicht JELIEL, sondern nur JELI, der dritte Genius SITA anstatt SITAEL usw. Die Psalme, welche in den vielen quabbalistischen Büchern als Anrufung des betreffenden Genius gelten sollen, sind nicht quabbalistisch, sondern mantramistisch zu werten – Anrufungsformeln – Gebete – Meditationen –. Die übrigen Wesen von der Erdgürtelzone angefangen bis zur Saturnsphäre haben in den einzelnen Buchstaben ihrer Namen sowohl die quantitative als auch die qualitative Eigenschaft. Deshalb habe ich es in meinem zweiten Werk „Die Praxis der magischen Evokation" nicht näher erklärt und in diesem Werke unterlasse ich es, die Wesen der übrigen Sphären nochmals anzugeben.

Wie viele Buchstaben eines Wesensnamens in das Akashaprinzip, in das Mentale, Astrale oder in das Grobstoffliche verlegt werden sollen, richtet sich stets nach dem Wunsch der Realisierung. Dies bleibt der Wahl des Quabbalisten überlassen.

Die Erklärung der dritten Tarotkarte ist die Enthüllung der Schlüssel, aber nicht die Angabe einer individuellen Methode. Der Quabbalist, der auch mein zweites Werk praktisch studierte, wird in der Lage sein, die quabbalistischen Schlüssel vielseitig anzuwenden. Er kann sämtliche Gottesnamen, Engelsnamen usw. quabbalistisch – buchstabengemäß – zerlegen und die Formel in Bezug auf die vier quabbalistischen Schlüssel beliebig anwenden. Es bietet sich ihm dadurch ein sehr großes Betätigungsfeld, und seine Studien sind in dieser Richtung unerschöpflich."

*

Die altägyptische Praxis:

Bevor ich mit den eigentlichen Übungen beginne, möchte ich kurz noch einfügen, dass es verschiedene Systeme der lautmagischen Einweihung gibt wie z. B. die des Golden Dawn, des germanischen 18-Runen-Futharks, der Übungen des ersten kleinen Arkanums, der zwei großen Runen-Arkanen von Anion, die 84 Hatha-Yoga-Stellungen usw., welche sich alle mehr oder weniger auf die Gesetze berufen.

Das hier beschriebene Systeme bezieht sie auf die traditionelle Magie in ihrer ursprünglichsten Form. Dazu ist es notwendig, sich einen Tempel einzurichten, der nach den Gesetzen der *Evokation* von Franz Bardon aufgebaut ist. Wichtig ist, wie es auch der Orden der Goldenen Dämmerung aufzeigt, dass sich die vier Elemente-Waffen der Verwirklichung im Raum befinden, weil diese rituell die Ideen der Vierer-Formel herabziehen.

Wie wir oben gesehen haben, besteht jede Tarotkarte in ihrer lautmagischen Form aus vier den Elementen unterstehenden Buchstaben, deren Eigenschaften Franz Bardon in seiner „Quabbalah" näher beschrieben hat mit Farbe, Gefühl, Ton und göttlicher Eigenschaft usw.

Wir stellen uns in den Kreis und nehmen alle Informationen eines Buchstaben bis in die Tiefe seines Seins und verbinden uns mit diesen Ideen und raunen je nach Himmelsrichtung beginnend beim Osten (Feuer) jeweils einen Buchstaben der Vierer-Formel in ihrer reinsten Form und mit ihrer Idee der entsprechenden Karte (siehe Tabellen) im Uhrzeigersinn dreimal umkreisend. Die vierte Umdrehung ist die, in welcher alle Ideen in einer einzigen sich befinden, welche durch das Raunen, Sprechen oder Singen der ganzen Formel bewerkstelligt wird. Nähers dazu findet man in der 10. Stufe des *Adepten* von Franz Baron und wird dem Praktikanten außerdem intuitiv, visionär, mental, gefühlsmäßig oder durch Erscheinungen von Wesen usw. eingegeben.

Wir lassen nun den Genius dieses Arkanums die Möglichkeit die Töne (Schwingungen) durch Intuition zu verlängern oder erhöhen, lauter zu singen usw. Dabei wird man zur manifestierten Rune, welche mit einem spricht und Erklärungen gibt. Wir sind eins mit dem Gott des Tantra, welches unbeschreiblich ist. In diesem Zustand ist weder Zeit noch Raum. Dauert die Ekstase nur eine Sekunde, so kann es uns wie Stunden vorkommen.

All das gehört zur ersten Umdrehung. Es ist jedes Element dreimal zu bearbeiten. Das heißt, eine dreifache Umdrehung ist vorgesehen, analog den drei Ebenen zur Verdichtung der Kraft vom Mentalen, Astralen bis zum Stoff. Die vierte Umdrehung ist dazu gedacht, die vier göttlichen Eigenschaften in eine Idee zu bringen:

- Das Feuer im Kopf und Hals,
- die Luft in der Brust,
- das Wasser im Bauch und
- die Erde im ganzen Körper.

Dies wird wie folgt praktiziert: Wir beginnen jetzt mit dem Feuerelement zu arbeiten, in dem wir uns zur Spitze des Dreiecks stellen (Osten), und Jod sprechen, dann das Luftelement He (Süden), das Wasserelement Wau

(Westen) und dem Erdelement He (Norden). Dies tun wir so oft, bis der Erfolg erreicht wird, bis wir allein gemäß der Richtung nur noch Jod-He-Vau-He sprechen.

Bei den anderen Karten werden die jeweiligen Vierer-Formeln genauso bearbeitet.

Ist bis jetzt alles planmäßig abgelaufen, so zeichnen wir einen Kreis in violetter Farbe. Wir verlassen unser Symbol mit Kreis, Viereck und Dreieck, um den neuen Kreis zu betreten. Das Dreieck des alten Kreises hat mit der Spitze nach oben zu zeigen. Denn nun kommt Akasha an die Reihe, der kosmische Mittelpunkt, welches uns zeigt, ob wir bestanden haben. Wir nehmen die uns bekannte Gottheit in uns auf. Ist es z. B. Christus, so müssen wir feststellen, das wir selbst zu Christus geworden sind. Wir haben all seine Erinnerungen, all seine Taten, seine Fähigkeiten. Haben wir dieses höchste Ziel erreicht, vermischen sich alle Eigenschaften, Akasha hat uns zu seinem Sohn gemacht. Vor uns im Dreieck erscheint der Führer, der uns geleitet hat, mit goldener Hautfarbe, bekleidet ganz in violett mit einer schönen Krone.

Im Dreieck erscheinen die Urfürsten der Elemente und umringen ihren Herrn bzw. der entsprechende Merkurvorsteher erscheint, der symbolisch für die Gottheit steht. Je nach Runen-Formel kommt eine andere Gottheit mit seinen dem Namen entsprechenden Qualitäten, durch die er den Magier in weitere Geheimnisse einweiht. Hier ist die Verbindung mit der 4. Tarotkarte gegeben.

Der Weg ist frei, für die schnellst mögliche Entwicklung. Das Buch: „Der Weg zum wahren Adepten" wird nun in wenigen Monaten bis zu 5 Jahren vollendet. Es ist nur eine Frage der Entwicklung. Je stärker die Bindung zum eigenen Gott, umso schneller die Entwicklung zur Vollkommenheit. Der Buddhist wird zu Gautama, der Hindu zu Shiva, der Shakti Verehrer wird selbst zur großen Mutter.

Die Stellungen sind nach diesem System die, welche H.A. Müller intuitiv durch Franz Bardon in seinem Buch „Vom Buddha des Westens" eingegeben wurden. Je nach Intuition wird eine der drei Stellungen gewählt (siehe Seite 96).

Für diese lautmagische Praxis gibt es die traditionellen 72 Runen-Formeln der Quabbalah. Nur die restlichen 6 fehlen. Diese sechs Karten beziehen sich auf H.A. Müllers Werk und auf den nachstehenden Text und ihre Symbolik. Die letzten 4 Stellungen werden mit folgenden Mantren gesprochen:

1. *AUM LAM SAI MAIN AUM!*

O Mein Lam! O meine Macht in mir!
Im sanften Abend ahn' ich dich,
Du bist im sinkenden Mond,
Du bist im wehenden Wind,
Du bist im wandernden Wasser!
O mein Lam, Du, ich bin Dein!
Wandle Weg und Stern und Stein,
Bau´ mein Herz zu Deinem Schrein.
Für mich nicht! Ich bin dir treu!
Acht´ nur, dass ich einig sei!
Denn es münden alle Schmerzen,
Wohl am End´ in Deinem Herzen!
O mein Lam Du! Lam!

2. *LHAM AIO JAMLAM AIO!*

Lham! Lass meine Seele verglühn!
Ich bin! Ich bin! Ich bin!
Was Erde ist, will zur Erde.
Abwärts, das Wasser zum Meer
Aufwärts, die Flamme zur Luft.
In sich hinab, zurück das Licht.
Ich bin im Anfang Ich,
Eine Flamme wunderbar,
Ich schließe Dies in mich:
Die Gottheit ganz und gar.
Aus der ich werdend kam,
In der ich bin und war,
O LHAM! O LHAM! O LHAM!

Bei jeder der letzten 4 Karten, dem Feuer-, Luft-, Wasser- und Erdelement, werden die ersten beiden Formeln und Gebete rezitiert. Der dritte (3.) Spruch bzw. die Formel wird zum Schluss beim positiven und negativen Prinzip geraunt. Wir nennen ihn die große doppelte Kraft in der Welt, den harmonischen Sonnengottheitsbegriff, den tiefsten erlebbaren Wert: *LHAM*. Verehrung diesem Wort! Denn es ist in Wahrheit das schöpferische Wort, das in alle Ewigkeit nicht verhallt, das alle Geheimnisse, alle Symbole, alle Kräfte der Welt enthält und das Hermes seinen Schülern zum Vermächtnis für alle Zukunft gegeben hat. Es ist der Stern, der den Chela immer stärken wird.

Lotus-Geste mit Stellung.

Esoterisch fundiert sich LHM aus den beiden Eckpfeilern unserer Esoterik, aus den Meisterworten *Ham* und *Lam* = LHAM oder LHM. Dieses Wort war den reinen und wahren Initierten immer bekannt, denn es ist ja die

Große Wahrheit, das Große Auge, das Große Herz. So klingt es auf in den tibetanischen Worten LHA(M) und Lama, in Melha und Lam, das heißt, der Pfad, in Lhamo, der Gattin Shiwas (Isis), in semitischen Worten: Alahim und Olam, die Unendlichkeit, das Weltall und seltsamer Weise auch bei Mohammed, der vielen Suren seines Korans das geheimnisvolle vielumstrittene ALM voransetzte. Im Germanischen heißt es Mal = Lam, der Gesang, das große Lied, europäisch ist es das Mal oder Mahl (im Französischen le Grand Male = das Große Wesen) das Lamm und die Flamme, der Hammer = Malleus. Jesus Christus nannte es selbst am Kreuz in den (sonst falsch übersetzten) Worten: „Mein Gott, mein Gott, wie hast Du mich verherrlicht; (nicht „wie hast du mich verlassen") als: Eli, Eli lamah (als Zeitwort, glänzen, licht sein) azabotha ni." LHM ist aber am meisten das Zentrum unserer tief verborgenen Weisheit, des Akashas! Das soll die Vereinigung der irdischen Seele mit dem Welten-Du AUM darstellen.

Der mittlere Buddha Mahum-Tah-Ta.

Mehr erfährt man intuitiv, wenn man hinter den zwei Sonnen steht, im Aksaha, wie die Lotus-Stellung angibt und die Formel Lham raunt mit all seiner Bedeutung! Am Ende muss man die Geste des Lotus machen, die

95

Hände zur Gebetshaltung vereinigen, dann bilden sich die beiden Sonnen. Dies entspricht dem mittleren Buddha, und das Gesicht des Lichts – Mahum – erscheint und weiht den Magier weiter in die tiefsten Geheimnisse des Akashas ein.

Da der Weg nie endet, gibt die Göttliche Vorsehung dem vollkommenen Magier genaue Anweisung, wie er sein Wissen und seine Weisheit lautmagisch immer mehr und mehr vertiefen kann, in dem er immer wieder von Neuem die 78 Tarotkarten raunend singt.

Links – erweiterte Isis-Stellung
Mitte – Horus-Stellung
Rechts – Osiris-Stellung

*

In Ägypten praktizierte ich schon diese zeremonielle Form der Magie, um mich mit meiner Gottheit nach den kabbalistischen Gesetzen zu verbinden, wie man das anhand der mystischen Texte aus dem Islam poetisch niedergelegt hat. Mein Lehrer Anion durfte noch nicht alles sagen, so dass seine Beschreibung großteils eine symbolische war. So ist seine Tat leider nur eine unzureichende.

Magie stammt vom altperischen Magusch ab. So hießen die mit

priesterlicher Funktion betrauten Männer und Frauen der Medier bei der Ausübung der schöpferischen Kulte der altiranischen Religion und des Zoroastrismus. Die Römer und Griechen machten aus diesem Namen einen gewöhnlichen Sterndeuter oder Zauberer. Der Magier hingegen vollbrachte mit seinen Runenformeln in Übereinstimmung des eigenen Willens mit seiner Gottheit das gewünschte Ziel. Zu diesen magischen Handlungen gehören symbolische Riten der Analogien, der Gesten, der Stellungen, der Zeichen, der Worte und Symbole, die alle zu diesem großen Arkanum gehören. Dr. Adolf Hemberger war der einzige Okkultist, welche über solche Riten eingehend in seinem Werk „Experimental-Magie" schrieb.

Obendrein wird im Buddhismus die Szene mit dem Weltenbaum, wo Siddhartha Gautama um das Jahr 534 v. Chr. unter einer Pappel-Feige (Bodhi-Baum) die Erleuchtung (bodhi) erlangte, entsprechend den 78 Karten geschildert, wie Mara, der Gott Saturn sowie drei Frauen, die wunderschönen Furien, erschienen sind, um den im Gibor-Runen-Sitz Befindlichen zu prüfen mit den Gaben der Trauben des Rausches.

Gott Mara, der streng und unerbittlich die Regeln und die Gesetzmäßigkeit der Vollkommenheit überwacht, sagte: „Ich glaube nicht, dass du, großer Buddha, das schaffst, die Prüfung zu bestehen." Er blickt dabei mit seinen allsehenden Augen tief in seine Seele und verließ ihn erst dann, wenn er sah, dass selbiger standhaft geblieben ist.

Dies geschieht alles nach den Gesetzen des Weltenbaums, wie es die Legenden um Buddha beschrieben haben, denn durch die Gottverbundenheit bekommt man unendliche Kraft und Macht. Infolgedessen muss man die nötige Reife und Verantwortung dafür besitzen! Dieser Vorgang wird in den Schriften der Tarotkarten des großen Hermes Trismegistos beschrieben, des Schöpfers der Arkanen. Dasjenige welches oben ist, gleich demjenigen, welches unten ist. Oben und unten, in Mikro- sowie im Makrokosmos bestehen wie Franz Bardon in seiner *Quabbalah* aufgeschrieben hat, alle Beziehungen zueinander. Das ist das hermetische Axiom, der universelle Grundsatz! Alles ist perfekt ausgewogen in Plus und Minus, sodass man dadurch den gesamten Kosmos beherrschen lernt, denn alles wurde aus den zwei Prinzipien von Yin und Yang erschaffen, sodass beide an den schöpferischen Riten teilnehmen müssen und werden.

Solch gewonnene Erkenntnis durch diese Grundausbildung führt zu außergewöhnlichen Seelenzuständen, die allerdings noch nicht genügend erforscht sind. Diese Erkenntnis führt nämlich zum eigenen Selbst, zur

Gottheit. Deswegen galten in der hermetischen Maurerei vor allem die alchemistischen Prozesse der Metallverwandlung, also der Transmutation, als Symbole der Wandlung des groben und rauen, d. h. des unwissenden, noch nicht sittlich gereiften Individuums zum veredelten, geläuterten Menschen.

Solch eine heilige Kulthandlung kann nur in einem Tempel vollzogen werden, wie ihn Franz Bardon gezeichnet hat. Die darin enthaltenen Ideen muss der Hermetiker für seinen individuellen Tempel übernehmen. Dieser muss sozusagen Farbe und Bewegung bekommen, kurz, er muss leben! Er muss zum Vorbild den Tempel des Lichts haben, sowie es die Tempelbauer in Indien und von Angkor Wat taten. Dieser Tempel ist nach kosmischen Gesetzen errichtet worden, nach den vier Himmelsrichtungen, mit einem kultischen Quadrat, mit dem Quell eines Mittelpunktes, einer Pyramide gleichend, dessen Spitze dem Schöpfergott Shiva geweiht war durch sein Linga (Phallus). Somit gleicht dieser Tempel einem Mandala, einem magisch-geometrischen Siegelzeichen.

*

Der Hermesstab und der Spiegel:

Meister Hermes gab mir zu den lautmagischen Tarotkarten folgende Erklärungen: „Jede Lehre von uns ist illusorisch, solange sie nicht in eine Praxis und in eine vollendete Tat umgewandelt wird. Es seien dir also die Anweisungen für die ersten Operationen auf dem Weg gegeben, von dem ich dir schon berichtet habe.

Vor allem musst du dir einen Teil deines Lebens oder deines Tagesablaufs sichern, um darin ganz fest und aktiv eine neue Eigenschaft zu fixieren – so: Löse dich innerlich von dir und deiner Umgebung und führe ein nüchternes Leben, ohne Anstrengungen, ohne Ausschweifungen, neutral und ausgeglichen. Schlafe genügend und iss maßvoll. Deinem Körper fehle nichts, er sei ruhig und in Harmonie gebracht. Härte deine Seele mit der dir gehörenden Macht, reinige sie von Impulsivität, Leidenschaft und Unruhe, fixiere sie dann und vereinige sie durch und durch mit dem Körper und dem Geist.

Die anderen Wesen bzw. Menschen existieren für dich nicht. Ihre Handlungen, Gedanken und Urteile berühren dich nicht – wie auch immer sie seien. Achte darauf, dass nichts auf verborgenem Wege in dich dringen kann: Überwache alles, was von außen kommt und was aus den, von deinem Bewusstsein noch nicht durchforschten Tiefen aufsteigt; beobachte in Schweigen, Einsicht und Unerschütterlichkeit und gebiete dabei jeglichem Urteil mit rascher, energischer Hand Einhalt.

Wenn Leidenschaften dich belästigen, reagiere nicht und bleibe ruhig. Führe sie statt dessen bewusst zur Befriedigung und löse dich dann von ihnen. Verfolge diese Richtung immer weiter, bis es dir gelingt, die Nichtigkeit, die Nutzlosigkeit und Hinterlist allen Denkens zu spüren, so dass auch dein Geist allmählich ruhiger in seiner Vierpoligkeit wird und sich in Schweigen vor deinen Füssen niederkauert. So baue langsam eine Kraft in dir auf, gleich einem Herrn, dessen Blick den ihn umgebenden Knechten Schweigen, Achtung oder Unruhe aufzwingt. Das ist unser Gold! Wenn du das alles mit feinfühlender und doch nie aufhörender, kraftvoller und doch sanfter Kunst vollendet hast, wenn der ausgeglichene und neutrale Zustand in dir beständig und natürlich geworden ist – dann wirst du eine Innerlichkeit im Raunen wahrnehmen, von der du früher nichts wusstest, und spüren, wie du dir selbst rückverbunden bist. Dann wird es dich dazu drängen, in dir selbst zu ruhen, und aus dieser stillen und erleuchteten Ruhe quillt schließlich ein Gefühl spiritueller und befreiter Zufriedenheit hervor.

Erspähe dieses reine Gefühl und halte es fest. Wenn du es völlig in deiner Gewalt hast, suche es, mit einem inneren Akt der universellen Runenmagie, so mit dem Körper und Geist, mit allen drei Leibern zu vereinigen, wie sich Wärme im Wasser ausbreitet, so dass schließlich aus ihnen nur ein einziges Ding wird, nur ein einziger Zustand. Das bildet die vier Umdrehungen! Dieser Zustand ist der fluidale Zustand. Und diese Operation heißt in unserer alchemistischen Überlieferung: Erste Gewinnung (Extraktion) des Merkurs (Quecksilbers oder des Hermes) aus dem Erzlager.

Während dem Raunen halte diesen Zustand mit ruhiger Härte in deinem Bewusstsein fest. Dann lasse ihn ziehen, dann rufe ihn wieder viermal hervor – erforsche ihn, erlerne ihn, vertiefe ihn, bis du ihn als eine Wirklichkeit spürst, die bis jetzt im Unterbewusstsein, in der Astralwelt wartete, bereit, auf deinen runischen Ruf hin zu erscheinen. Wenn du das errungen hast, sei gewiss, dass du ziemlich weit gekommen bist.

Die verschiedenen Eigenschaften des Fluidalkörpers können erst im Zusammenhang mit den einzelnen Operationen besprochen werden. Jetzt sollst du nun in der ersten Operation unterwiesen werden. Wisse nur, dass jede geschlechtliche Handlung, der vom Durst nach Wollust beherrscht wird, den Fluidalkörper lähmt, ihn wirkungslos und schlaff macht – vor allem bei einem nervösen Temperament. Wisse, dass ihm Energie zufließt durch vegetarische Kost, durch Fasten sowie durch magische Düfte, worauf schon seine Bezeichnungen als Geruchskörper und – wenn auch in einem seiner spezifischen Aspekte – als Vampirischer Körper hinweisen. Wisse auch, dass jedes Ungleichgewicht und jede plötzliche Gefühlsaufwallung, die auftreten, wenn das Bewusstsein mit ihm in Kommunikation steht, im mentalen, physischen und im psychischen Bereich Schäden, und zwar schwerster Art, anrichten können. Und wisse schließlich, dass du deine Kräfte durch die hier beschriebenen besonderen Praktiken vervollkommnen kannst.

Dazu werde ich dir einen grundsätzlichen Hinweis geben, damit du auch den Sinn der initiatischen Gefühlserziehung zu erkennen vermagst. Nicht das Gefühl darfst du zerstören, sondern dein trübes Kleben und Hängen an ihm musst du vernichten, also die Wollust, das Begehren, die Abneigung oder Angst, die du spürst. Reinige dich von solchen Schlacken, löse dich von der Fessel des Herzens, werde offen, frei, ohne Angst und ohne Engherzigkeit im Fühlen, in dem du dich mit den Göttern rufend verbindest. Wie ein tiefes, klares, unbewegtes Wasser die Dinge, die auf seinem Grunde liegen, durchscheinen lässt, so identifiziere auch du dich nicht mehr mit den Gefühlen, sondern nimm sie auf und beobachte sie, wie du es mit Gegenständen der Außenwelt machen würdest. Genauso wenig wie ich die Nahrung bin, die ich schmecke, bin ich auch nicht die Gefühle, die ich in mir frei widerhallen lasse – sie sind nicht meine, sie sind nicht Ich. Sie dienen nur für meine Entwicklung. Diese fraglose Klarheit steige in dir auf.

Nur dann können die Gefühle zu dir sprechen – wenn du also aufgehört hast, in ihnen verloren zu sein, nur darauf bedacht, zu genießen oder zu leiden. Sie werden dir ein neues Sinnesorgan aufzeigen, das über die grob körperlichen hinausgeht, objektiv wie diese, aber einer feineren Seite der Wirklichkeit zugewendet, nämlich der göttlichen Seite! Erziehe diesen neuen Sinn mit innerer Aufmerksamkeit, indem du auf das Ohr des Herzens hörst: Schärfe ihn auf das feinste. Gefestigt in deinem Mittelpunkt, in deiner Gottheit, wie eine Spinne, die alle Fäden ihres Netzes festhält und jede Schwingung dieser Fäden unter Kontrolle hat, sei du Herrschaft und ruhige und forschende Klarsichtigkeit im Zentrum einer vollkommenen, gereinigten und unerschütterlichen Feinfühligkeit, die für jeden lautmagischen Ruf offen ist.

Diese Erziehung des Herzens, die du durch Überredung mit Hilfe eines langsamen, sanften aber runisch-mächtigen Feuers bewerkstelligen musst, wird in deinen Fluidalkörper eine Kraft übersinnlichen Wissens einfließen lassen. Sie wird ein destilliertes Wasser hervorbringen, ein durchscheinendes Wasser, das im Zeichen deiner ausgeglichenen Neutralität, das darüber herrscht, seine Weihe hat.

Nachdem du bis hierher gelangt bist, versuche die Befreiung der zentralen Kraft, deiner wahren inneren göttlichen Sonne und die Begegnung mit der Schlange der Weisheit. Das geschieht, wenn sich das Bewusstsein deines Ichs an den Sitz des Fluidalkörpers zu übertragen weiß und dieser von den tierischen Sinnen des Stoffkörpers losgelöst und folglich von der physischen Welt abgeschirmt ist.

Die verwendeten Techniken sind verschieden. Verachte die Vorsichtigkeit der mickrigen Methoden der Meditation, Suggestion, Atem- und Konzentration-Übungen, die nur selten fähig sind, dich herauszureißen – wirklich und nicht bloß in deiner Fantasie – heraus aus dem Sumpf der Verstandesformen und heraus aus dem Gefängnis des Gehirns. Wende dich den direkten lautmagischen Methoden zu, weil sie wahrlich die einzigen schöpferisch-kosmischen sind, die du hier beschrieben findest. Deswegen steht in den Mysterien, dass die Leier ein von mir, Hermes, erfundenes Musikinstrument ist. Es weist auf die lautmagischen Traditionen hin, denn Orpheus betörte damit in der Unterwelt deren Gott Hades, um seine an einem Schlangenbiss verstorbene Braut Eurydike zu erretten. Denn nur durch die Macht des Wortes hat die Schöpfung bestand!

Zur charakterlichen Reinigung verwende zum Beispiel den Spiegel. Um den Fluidalkörper abzuschirmen, musst du die Empfindungsfähigkeit des tierischen Körpers neutralisieren und unwirksam machen. Dies gelingt dir durch das Raunen. Die Spiegel-Technik ist auf den optischen Nerv gerichtet und ermüdet ihn, bis sich die im Blick konzentrierte Kraft vom physischen Organ ablöst und im Fluidallicht wirksam wird.

Gehe so vor. Finde dir ein Zimmer, sehr sauber, möglichst außerhalb der trunkenen Atmosphäre, wo die Stille regiert und nichts deine Aufmerksamkeit ablenkt. Schließe dich hermetisch ab. Günstig sind die trockenen und hellen Nächte. Trage keine Kleider, die deinen Körper einengen, und dieser soll auch nicht unter der Last des Essens leiden. Verbrenne zuerst bei offenem Fenster ein wenig Myrrhe und danach bei geschlossenem Fenster nochmals eine kleinere Menge. Setze Dich vor den Spiegel.

Nachdem du deinen Willen klar formuliert hast, rufe mehrmals, überredend, den fluidalen Zustand der Ekstase hervor durch das Singen der

Runen, den das langsame und tiefe Einatmen der Räucherung noch verlebendigen wird, und binde ihn ganz eng an die Wahrnehmung von dir als Gegenwärtigkeit und befehlsbereite, undurchdringbare Überlegenheit des göttlichen Seins. Fixiere dann den Spiegel.

Der Spiegel kann aus Kristall sein oder auch aus Stahl, Kupfer oder Bronze, in jedem Fall muss er jedoch konkav sein, damit er das Licht einer Lampe, die an einem für den Operanten nicht sichtbaren Platz steht, in einem zentralen Punkt sammeln kann und so alles, mit Ausnahme des Spiegels, in einem Halbdunkel bleibt. Fixiere also diesen Punkt in deiner Verzückung, ohne zu blinzeln, bis du nichts anderes mehr siehst. Beharre.

Er wird sich in einen schwarzen Punkt verwandeln. Der schwarze Punkt wird sich zu einem bläulichen Fleck erweitern, der dann zu einem vorerst unbestimmten, dann weiß-milchigen Lichtschein wird. Noch ein Schritt, und dieser Dämmerschein reißt in schneller Ausweitung zu einer leuchtenden Klarheit auf, zu Freiheit-Frische-Licht.

Das ist die Schwelle des Übersinnlichen, der erste Kontakt mit dem Astrallicht, mit der Hüterin, wo die Bedingungen, an die die verkörperten Wesen gebunden sind, die am Grunde des Wassers ihr Dasein fristen, im allgemeinen aufhören, auf dem verbleibenden Wesenskern zu lasten.

Ich habe dir gesagt – fixiere. Das ist alles und gleichzeitig nichts; ein Wort, in dem ein langes Herumtasten beschlossen liegt, ein unsicherer Pfad, gebaut von der geheimen Kunst eines aufmerksamen, feinen, vorsichtigen Dosierens, eines Verbindens und Ausgleichens des Aktiven und Passiven, des Fühlenden und des Bestimmenden der Seele. Denn das Spiegelbild symbolisiert dein Gegenstück und dient dir zum Gleichgewicht! Wenig vermag ich dir hier zu sagen, was dir zur Hilfe gereichen könnte. Du musst dir sowohl die Straße als auch die Beine zum Marschieren selbst schaffen.

Dieser Einblick in die Bereiche des Akashas wird die eine Reinheit vermitteln, die sich unmittelbar an die Festigkeit deines Gleichgewichtes heften wird und dieses unzerstörbar macht.

Dein Blick sei ohne Anstrengung, ohne erkennbaren Willen, wie bei jemand, der sich gerade anschickt, sanft einzuschlafen (Feuer unter der Asche). Lass ihn sich selbst fixieren, und dann lass ihn los, versuche nicht mehr an ihn zu denken, sondern vergiss ihn. Der Gesichtssinn ist nur der Ausgangspunkt, denn in Wirklichkeit ist deine göttliche Seele im Samadhi bei dieser Operation tätig, und ihr Fixieren des Blickes ist nur ein Mittel, um sich selbst zu fixieren. Hier tritt eine erste Vereinigung zwischen Schwefel und Merkur, zwischen Mond und Sonne, zwischen Minus und

Plus in Kraft; der Einsame trifft sein Gegenüber. Erkenne also dieses Werk als die erste Bereitung des Hermesstabes, des Stabes mit den zwei Flügeln! Die Hindernisse – abgesehen von denen, die sich nach vollzogener Vereinigung einstellen – bestehen in der übermäßigen oder nicht ausgeglichenen rhythmischen Dosierung des Merkurialen und des Sulphurischen. Ich habe dir zur Vorbereitung gesagt, die die körperliche Natur unter dir ruhig, fügsam und harmonisch gestalten muss. Diese Natur musst du jetzt in Sanftheit ergreifen und zum Werke führen, beinahe so, als ob sie davon nichts bemerken würde. Wenn du ungeduldig und wenig geschickt in der Kraft übertreibst, wird sie reagieren, sich von dir lösen, und da, mit einem Ruck wirst du wieder zum Ausgangspunkt zurückgeworfen. Diese instinktiven Reaktionen sind am Anfang unvermeidlich; aber sie dürfen dich nicht entmutigen: Versuche es wieder, mit neuem Geist, zur gleichen Stunde, beharre mit Feinfühligkeit.

Auf die instinktiven Reaktionen und Alarmzustände deines Körpers werden diejenigen deines noch nicht genügend gehärteten Geistes folgen. Es wird dir scheinen, dass du den Boden unter den Füssen bei der Spiegelpraxis verlierst – ein Gefühl, als ob du plötzlich tief hinabstürztest – worauf du auffahren, dich ganz schnell festhalten wirst – und neuerlich am Anfangspunkt stehst. Dieser Weg wird dir versperrt bleiben, solange du nicht in dir eine noch schnellere Bereitschaft erweckt hast, mit der du wie ein Blitz der Reaktion Einhalt gebietest, bevor sie noch eingreifen kann, um die fluidale Ablösung zu unterbrechen.

Der entgegengesetzte Fehler besteht in der Möglichkeit eines völligen Versinkens im Loslassen, was zur Auflösung deiner Ich-Präsenz führt. Das würde den Absturz aus der Welt der Magier in die Welt der Medien und Visionäre und damit aus der Welt des Übersinnlichen in die Welt des Untersinnlichen bedeuten. Im Medium zerfließt das Zentrum, und sein Bewusstsein schlittert hinab, taucht in den Körper und wird eins mit dessen Bewusstsein. Der raunende Hermetiker hingegen beherrscht sich immer und überall!

Damit ist das Medium völlig vom Körper abhängig, und was es wahrnimmt, sind nur die an die Oberfläche kommenden Blasen und Projektionen der dumpfen Strebungen und elementaren Kräfte, die in seinem Organismus beschlossen liegen. Das Merkmal dieses Entartens und Fehlschlagens der Operation besteht im Gefühl einer tödlichen Müdigkeit, das Dich erfassen wird, sobald du zum normalen Bewusstseinszustand zurückgekehrt bist; denn andere Kräfte haben an deiner Kraft gefressen.

Ich habe dir einen Weg gezeigt. Versuche das, was ich beschrieben habe, bevor du an irgendwelche andere Operationen denkst. Glaube nicht, dass die Aufgabe leicht und ohne Gefahren ist. Und erwarte dir Nichts von den ersten Versuchen. Wenn du beharrlich bleibst und Herr über den Zweifel bist, wirst du Erfolg haben. Wage und schweige.

Die mächtigste Kraft ist der Wille des Menschen, der weiß, was er will. Fixiere also das Ziel und wechsle es niemals. Hast du einmal begonnen, lass dich durch nichts mehr abbringen, denn, wie ich dir schon sagte, der Weg der Magie kennt keine toten Winkel: Man muss ihn nicht beschreiten – aber hat man ihn einmal beschritten, gibt es nur diese beiden Möglichkeiten: Erfolg oder Untergang.

III. Sein Wesen:
1. Hermes als Mondgott:

Wie wir zu beginn schon anschnitten, pflegte man den Gott Hermes in neuerer Zeit vielfach als einen Windgott anzusehen, hauptsächlich beeinflusst durch die Schrift von W. H. Roscher „Hermes der Windgott". Obwohl sie inzwischen von vielen angenommen ist, so gehört doch nur wenig Kritik dazu, um das Irrige daran zu erkennen.

Viele andere glauben nicht oder wollen nicht glauben, dass die mythologischen Vorstellungen selbst hochkultivierter Völker von einfachen, volksmäßigen, kindlichen, oft hausbackenen, ja rohen analogen Vorstellungen oder von grobsinnlichen Eindrücken und Beobachtungen ausgegangen sind. Die alten und echten Mythen und Märchen entspringen nicht der freien Fantasie, sondern sie wollen für wahr Gehaltenes mitteilen und sind in gewisser Hinsicht, d. h. wenn wir uns auf einen gewissen mystisch-geistigen Standpunkt stellen, real. Das bestätigen schon die Sätze „Es war einmal" und „Wenn sie nicht gestorben sind, dann leben sie noch heute".

Es kommt in allen Dingen immer auf das Symbol an, sodass es zweitrangig ist, ob man den Mond als männlich oder weiblich ansieht. Bei den Griechen ist der Mond stets weiblich gedacht, nie männlich. Aber die Griechen hatten neben der weiblichen Selene auch einen männlichen Mond, das nicht bloß Monat, sondern eben zunächst Mond (=Messender oder Sich Wandelnder) bedeutet. Und wie hätten denn die Griechen den kleinasiatischen Mondgott überhaupt Men, von Man, dem M als Mutterbuchstabe, benennen können, ohne damit eine solche Vorstellung von ihrem Standpunkte aus für berechtigt zu erklären. Die Verehrung dieses Men war eine sehr ausgedehnte und spielte auch nach Griechenland (Attika) hinüber. So erkennt auch Drexler an, dass die Vorstellung eines männlichen Mondgottes auch den Griechen eigen war. Die Tatsache, dass es auch bei den Griechen männliche, wegen der kosmischen Größe, Mondgötter und Sonnenmädchen gab, muss man als Beispiel oder als Beweis der Doppelgeschlechtlichkeit erkennen. Man muss immer das Gesamtbild betrachten, um ein Urteil abzugeben. Diese Tatsache kommt bei allen heidnischen Völkern vor, die Lichtgottheiten bald als männlich, bald als weiblich verehrten.

Hermes ist an und für sich der Gott des Sonnenaufgangs und Sonnenuntergangs, Gott des Zwielichts, denn jeder Gott hat eine Doppelnatur, die zwischen Licht und Nacht schwankt.

Bestimmend für mich ist der Umstand, dass dem Hermes erstens zusammen mit der Mondgöttin Hekate an jedem Neumond geopfert wurde, sodann die andere daneben seit ältester Zeit bei den Griechen feststehende Sitte, Hermes am vierten Tage des Monats, das will sagen jedes Monats, zu verehren und seine Geburt zu feiern. Bei dem Philosophen Porphyrius in der Schrift: „Über die Enthaltsamkeit vom Fleischgenuss", sagt ein gewisser Klearch aus Methydrion in Arkadien, der wegen seiner Frömmigkeit und unblutigen Opfer gelobt wird, von sich, er opfere mit größter Sorgfalt immer zu den gehörigen Zeiten, indem er jeden Monat an den Neumondtagen den Hermes und die Hekate bekränze und schmücke und ihnen mit Weihrauch und Opferkuchen opfere. Und Plutarch in den Tischgesprächen bezeugt: *„Dem Hermes ist von den Zahlen besonders die Vier heilig, und viele berichten, dass der Gott am 4. Monatstage geboren sei."* Dies deutet auf eine vom Mondumlauf durchaus abhängige und mit ihm verbundene elementare Naturmacht aus.

Ja, als Mondgott wird Hermes wie die Mondgöttin Hekate am ersten Tage jedes Monats, d. h. am Neumondtage, geboren. Diese notwendige Erwägung schon ganz allein reicht für mich eigentlich völlig aus, um den Ausgangspunkt seiner göttlichen Wesenheit zu erkennen, gerade wie die Tatsache, dass Janus zusammen mit der Mondgöttin Juno an allen 12 Kalenden geopfert wurde, an 12 Altären nach der Zahl der Monate, einen sehr deutlichen Hinweis auf die ursprüngliche Bedeutung dieses uralten und einst mächtigen italischen Gottes enthält.

Aber weshalb ist der vierte Monatstag als Geburtstag des Mondgottes gefeiert worden? Ganz einfach, weil da der Mond zuerst wieder erschien, wie Preller sehr richtig sagt, ohne seltsamer Weise daraus einen Schluss auf Hermes' Mondursprung zu ziehen.

Vom ägyptischen Mondgott Chonsu sagt Brugsch: *„Der Gott wird am Tage des unsichtbaren Neumondes im Schoße seiner Himmelsmutter Mut empfangen, am Tage des sichtbaren Neumondes findet seine Geburt statt, zur Zeit des Vollmondes ist er ein Jüngling oder Greis.* " Überhaupt spielen die drei Tage, während welcher der Mond bei der Sonne weilt und für die gewöhnliche Beobachtung unsichtbar ist, in unzähligen Mythen der verschiedensten Völker eine große Rolle. Es ist außerdem zu bedenken, dass Hermes ohne Frage ein uralter (althellenischer) kosmischer Gott mit uralten Kultformen ist. Sonne und Mond waren die ältesten Hauptgötter jedes Stammes.

Hermes war nun der Gott der seit uralter Zeit in Griechenland eingesessenen ländlichen Bevölkerung; den Charakter eines Hirten- und Herdengottes hat er sich im großen und ganzen bewahrt; ihm wurden besonders Böcke und Lämmer geopfert. Der große Gott am Himmel erschien jenen Menschen, deren ganzes Sinnen und Denken sich um ihre Herden drehte, selber als ein (goldener) Widder, oder auf einem Widder stehend oder einen Widder tragend, oder auf einem von zwei Widdern gezogenen Wagen fahrend. Dass aber der Widder ein im hohen Altertum beliebtes Bild für den Mond war, werde ich unten genauer darlegen.

Denken wir uns nun Hermes als Mondgott, so sind die Beiwörter weiß und glänzend, welche er führt. Gewisse Namen, wie Hellglänzend, Dunkle, Schwarze, Strahlende beziehen sich auf die Phasen des Mondes.

Seine Rolle als Geleiter der Seelen in die Unterwelt kam daher, weil er ein Liebling der oberen Götter des Makrokosmos und der der Unterwelt, des Mikrokosmos, ist, dass sich seine Rolle als Götterbote und Seelenführer in die Unterwelt, sein goldener Stab und vor allem seine Beliebtheit bei den oberen Göttern und bei denen der Unterwelt besser für einen Mondgott als für einen Windgott steht.

Selbst der Mond als Symbol der Weiblichkeit, sprich als Mutter aller Götter, spricht außerdem dafür, dass man Hermes, als dessen Sohn, dem Mond zusprechen kann. Der Mond ist überall Träger und Behälter des Unsterblichkeitstrankes, oft genug ist er geradezu die Schale voll Ambrosia, die himmlische Trinkschale. Ebenso ist der Mond überall ein Vogel, sei es Adler, Geier, Sperber, oder sei es Gans, Schwan usw., was auf die verwandtschaftliche Beziehung zu den Federn auf Helm und Füßen deutet. So sieht es die Forschung der Mondmythen.

2. Hermes, seine Ehefrauen und Kinder:

Sehr auffallend und von ganz besonderer, ja von entscheidender Wichtigkeit für die Auffassung von Hermes Wesenheit ist ohne Zweifel der Mythos, dass Hermes mit der Penelope den Gott Pan (Luzifer) gezeugt habe. Mit vollem Recht sagt Max Müller: Das kann nur eine alte Tradition sein, älter als die Odyssee und daher nicht leicht zu unterdrücken. Hauptgewährsmann ist Herodot. Nach andern ist Pan Sohn des Hermes und einer Nymphe Dryope oder der Tochter des Dryops, oder einer Orsinoe. Er führt daher auch den Namen Hermepan neben Diopan, da auch Zeus und Kallisto als Eltern gelten, und Titanopan, Titan, ein Bruder des Helios (etwa Hermes?). Etliche wollen Pan als Sonnengott fassen, hauptsächlich wegen seiner Liebe zu Selene. So halte ich denn auch Pan für einen Lichtgott (Lichtengel) und zwar für den eines alten Hauptgottes der indogermanischen Hirtenbevölkerung, nämlich den Mondgott, mit alter bezeichnender Benennung Hirt, der Hütende, Weidende. Ein solcher ist der Mond von jeher gewesen. Besonders alt ist auch die Rolle des Mondes als eines Jägers; auch Pan hat Beziehung zur Jagd, auch zum Fischfang; er ist Traumgott, Heilgott, er ist geradezu eine Ziege oder hat Ziegenhörner, und haust in Höhlen, wie er denn gleich Hermes auch auf dem Berge Kyllene geboren ist. Beide sind Brüder!
Hermes und Pans Beziehungen zur Penelope, Frau des Odysseus, beweisen einmal, dass Penelope eine alte Naturgöttin ist, sodann dass Odysseus der heroisierte Hermes ist, wie denn viele Ähnlichkeiten zwischen dem Odysseus und dem Hermes bestehen. Ebenso ist Pan eine dem Hermes durchaus verwandte Gestalt, eine Parallelgottheit, derselben Wurzel entstammend, z. T. sogar in noch altertümlicherer und bäurischerer Form. Hermes und Penelope, Odysseus und Penelope, (auch Apollo und Penelope) sind wieder das alte himmlische Götterpaar, Sonne und Mond, oder Mond als Mann und Mond als Frau zu einem Ehepaar zusammengefasst.

3. Hermes Sohn Autolykos:

Wie durch Penelope berührt sich Hermes noch durch die merkwürdige

Gestalt des lügnerischen Autolykos mit den Sagen von Odysseus, der so von Neuem als ein vermenschlichtes Abbild des Gottes erscheint. Er ist, wie Preller bemerkt, nur eine andere Gestalt des Hermes selbst in dem seine listige, d. h. überintelligente Eigenschaft bestimmter hervorgehoben wird. Sein Vater ist Hermes, die Mutter heißt entweder Philonis Derons Tochter, oder Chione, Daidalions Tochter, oder Telauge, oder auch Stilbe, Tochter des Heosphoros. Die Namen sind z. T. hochbedeutsam. Autolykos, der Selbstleuchter, wäre ein vorzüglich passender Sonnen- oder Mondname; ebenso Telauge, die Fernstrahlende.

Ein wundervoller und durchsichtiger Mondmythos! Daidalion, d. h. der Künstler, erscheint auch als Vater des Autolykos, ist also wohl ein anderer Name für Hermes, (den großen Himmelskünstler, denn das ist der Mond), der damit zugleich als Habicht bezeichnet wäre. (Sonne und Mond sind Adler, Geier, Sperber, Falken, Habichte.)

Autolykos erscheint nun in der Sage als Typus der Dieberei und Schlauheit. Der Mondgott ist nämlich überall nicht nur ein Meister in aller Kunstfertigkeit (Baumeister, Künstler, Schmied), sondern auch ein Ausbund von Schlauheit und Pfiffigkeit. Aber nicht wegen dieser geistigen Eigenschaft allein ist Autolykos erst nachträglich in Beziehung zu dem schlauen Hermes gesetzt, sondern er stellt von Hause aus dieselbe oder in derselben Weise weiter entwickelte Naturmacht dar. Er ist eine Absplitterung des Gottes, in menschliche Sphäre hinabgesunken. Preller war durchaus berechtigt, eine physikalische Deutung für Autolykos vorzuschlagen, jedoch bezieht sie sich auf die *Dämmerung*. Hygin, dessen nützliche Zusammenfassung wir wieder zugrunde legen wollen, sagt: *„Hermes gab dem Autolykos zum Geschenk, höchst diebisch zu sein und nie beim Diebstahl ertappt zu werden; dass alles, was er entwandt hatte, in jede Gestalt, die er wollte, verwandelt würde, aus weiß in schwarz, aus schwarz in weiß, aus Ungehörntem in Gehörntes, aus Gehörntem in Ungehörntes.“* Wie zeigt sich in diesen Wendungen wieder einmal mit überraschender Klarheit, dass die Sagenüberlieferung selbst später Zeit die alte ursprüngliche Rede, die weiter nichts als naive Beschreibung einer wunderbaren Naturerscheinung war, oft treu bewahrt hat. Es hat sich hier nicht jemand beliebige Gegensätze (etwa wie Süß- Bitter, Weich-Hart) aus gedacht, sondern die Worte sind Ausdruck der unmittelbaren Anschauung. Wahrhaftig, der Mond macht aus dem Schwarzen den Weißen, aus der schwarzen Scheibe die weiße, und umgekehrt; aus der gehörnten (Mond-) Kuh die ungehörnte Form des Mondes! Dass er dies schwierige Werk so leicht fertig bekommt, ist eben der Anlass, ihn für so außerordentlich schlau und pfiffig zu halten. Umgekehrt ergab sich aus dieser mythologischen Vorstellung zur Bezeichnung ganz besonderer List und Schlauheit die sprachliche Wendung: Es kann einer aus schwarz weiß, aus weiß schwarz machen.

Die Verwunderung über die Fähigkeit des Mondes, aus schwarz weiß und umgekehrt machen zu können, oder selber bald weiß bald schwarz zu sein, kommt in vielen Sagen in verschiedener Weise zum Ausdruck. Zunächst in der so vielfach variierten Erzählung vom Kampf eines Schwarzen mit einem Weißen (oder auch Blonden), ferner in der von Verwandlung eines weißen Vogels in einen schwarzen (Raben), einer weißen Frau in eine Mohrin, von einem milchweißhaarigen Rosse mit schwarzer Mähne, Vertauschung weißer Segel mit schwarzen und in vielen anderen. Für Autolykos ist dann die Bemerkung nachzutragen, dass er alles, was er anfasste, unsichtbar machte; er konnte selbst andere Gestalt annehmen, was bei seiner Naturbedeutung für ihn eben ganz notwendig ist.

Auch die Gegenstände, welche Autolykos stiehlt, weisen z. T. auf die himmlischen auch von Hermes betretenen Räume und lassen wieder in ihm eine Nebengestalt dieses Gottes wie auch des Odysseus erkennen. Er stiehlt nämlich Rinder des Eurytos und Sisyphos; dem Amyntor, nachdem er eingebrochen war, eine berühmte, durch viele Hände gegangene Lederhaube mit Eberhauern, die in der Dolenie Odysseus von Meriones aufgesetzt wird; Autolykos hatte sie nach Skandeia gebracht und dort verschenkt; sie ist, wie die Kappe des Odysseus überhaupt, offenbar ein charakteristisches Abzeichen, wie die von Hermes gewöhnlich getragene runde Filzkappe oder die unsichtbar machende Kappe des Aides, welche Hermes im Gigantenkampfe trägt, gleich der Tarnkappe der deutschen Heldensage.

4. Herse (Kreusa) – Kephalos (Keryx).

Als verhältnismäßig junge Sage könnte die von Hermes Liebe zu Herse erscheinen, falls sie nämlich nichts als eine Allegorie wäre zum Ausdruck des Gedankens, dass der Mondgott die Taubildung befördert, was er nach allgemeiner und weit verbreiteter Anschauung unzweifelhaft tut.

Herse genoss mit ihren beiden Schwestern Pandrosos und Aglauros (Töchtern des Kekrops, d. h. Rundgesicht oder Radauge) in Athen einen Kult; sie hatten ein Heiligtum auf der Akropolis und Feste.

Man kann die Liebe des Mondgottes Hermes zu Herse ebenso wenig befremden, wie ihr gemeinsamer Sohn Kephalos (das Haupt), in dem ich durchaus nur einen Mondheros (mit sonnenhaften Zügen) zu sehen vermag.

5. Eros – Hermaphroditos – Rhene – Nymphen (Daphnis) – Orion.

Von Wichtigkeit sind Hermes´ Beziehungen zu Eros; denn dieser Gott verdankt seine Entstehung keineswegs dem ästhetischen oder symbolisierenden Fantasiespiel der Späteren, sondern ist ohne Frage ein alter Gott mit altertümlichem Kult und altertümlichen Symbolen. Man kann glauben, dass er in die indogermanische Urzeit zurückgeht. Man hat ihm solares Wesen zugeschrieben.

Die Vaterschaft des Hermes galt wahrscheinlich besonders für den altertümlichen Eros von Thespiai, wo Eros die Hauptgottheit von alters her war und wo er unter einem sehr altertümlichen Symbol (besser gesagt einer Form), einem rohen Stein verehrt wurde, während in Parion am Hellespont sein altes Idol hermenförmig gewesen zu sein scheint. Furtwängler urteilt: Vermutlich war der Eros von Thespiai ein dem Hermes verwandter Gott der Zeugungskraft, (will sagen der alte zeugnerische Mondgott). Die Mutterschaft der Artemis zeugt für alte Zusammenstellung von Hermes und Artemis als Formen des uralten Götterpaares, hier wohl derselben Urpotenz, in eine männliche und eine weibliche zerlegt. In einem alten Hymnus in Delos wurde Eros als Sohn der Eileithyia und älter als Kronos gefeierte. Die Eileithyia dieses Hymnus war eine wirkliche Göttin, wahrscheinlich gleich der auf Delos in alter Zeit so hoch verehrten Artemis, und Eros als ihr Sohn wird nicht auf Spekulation, sondern auf echt mythische Vorstellung eines magischen Kultus zurückgehen. Mit einem Wort, der alte Naturgott Eros wird seine Wurzeln in denselben Anschauungen haben, aus denen Hermes und Artemis (sowie fast alle anderen großen Götter) erwachsen sind. Daher kommen ihm auch Hermes und Aphrodite als Eltern sehr wohl zu, die auch im Kult zusammen mit Eros vereinigt vorkommen. Auch mit Herakles war er im Kult oft verbunden. Nicht ohne Grund nannte ferner Akusilaos Eros den Sohn der Nacht und des Äthers.

Aus dem alten Naturgott Eros ist zunächst durch die Theologie der Orphiker der kosmogonische Eros entstanden. Dazu gehört die ihm von alters her gegebenen Beflügelung, (er trägt auch Flügelstiefel wie Hermes); die Hervorhebung seiner Schönheit, die wie bei Ganymedes, Pelops,

Leukippos, Aphrodite, Helena und so vielen Mondwesen nicht ohne tiefere Bedeutung sein mag; seine Weisheit; die Lehre von dem silberglänzenden Weltei, aus dem Eros, (auch als Phanes bezeichnet) hervorspringt; die Behauptung, dass er die Nacht erhellt. Selbst die Ausstattung mit Bogen, Leier und Kranz, die Fackel, die Muschelgeburt, die ihm wie der Aphrodite zugeschrieben wird, seine Beziehung zu mondhaften Tieren (Hahn, Schwan, Bock) könnte man versucht sein, für alt zu halten, obwohl hier allerdings spätere Erfindung wahrscheinlicher ist. Furtwängler bespricht merkwürdige Darstellungen, in denen ein Eros dem großen Kopfe der Kora entschwebt. Mit Kora kehrt also auch Eros wieder.

Zweifeln kann man auch, ob die Zusammenstellung von Eros und Anteros, Liebe und Gegenliebe, die schon verhältnismäßig früh erscheint, sich vielleicht auf sogar recht alte Anschauungen stützt. Einem Eros als Naturmacht entspräche sehr wohl ein Anteros, wie die nach Osten und Westen gewandten beiden Gesichter des Janus-Kopfes sich einander entsprechen. Die Auffassung von Liebe und Gegenliebe wäre eine analoge Auffassung.

Soviel dürfte als ausgemacht feststehen, dass die Zusammenstellung von Hermes und Eros als Vater und Sohn, sowie des Hermes Beziehungen zu Artemis Eileithyia, zu Aphrodite (zu Proserpina) nichts enthält, was unserer Auffassung vom ursprünglichen Wesen des Hermes widerspricht, wohl aber sehr vieles, was sie unterstützt.

Der Hermaphroditos als Sohn des Hermes und der Aphrodite, die allerdings im Kult oft verbunden waren, ist die alte Idee einer doppelgeschlechtigen Gottheit. Damit soll die zeugende und gebärende Naturkraft in ihr zum Ausdruck gebracht werden. Es sei noch einmal daran erinnert, dass der Mond fast überall gleichzeitig bald als männlich bald als weiblich gefasst wurde, und dass daher eine zur Systematik neigende Priesterschaft leicht darauf kommen konnte, den Gott als zweigeschlechtig hinzustellen (als Hermes und Aphrodite). Sehr merkwürdig ist, was der freilich sehr späte (mittelalterliche) Albericus über die Zweigeschlechtlichkeit des Hermes sagt. Von der komponierten Namensform Hermaphroditos ist aber auch möglich, dass sie von vorn herein nur einen Aphroditos (ein solcher ist für Zypern nachweisbar) in Hermenform ausdrücken will (vgl. Hermathena, Hermerakles, Hermerotes). Die Auffassung, dass der Name ihn als Sohn des Hermes und der Aphrodite bezeichne, findet sich erst bei jüngeren Schriftstellern.

Als ein bloßes Spiel der Phantasie, eine Allegorie, an Hermes bekannte

Beziehungen zur Herde anknüpfend, ist vielleicht auch die Sage. zurückzuführen, dass Hermes mit Rhene den Saon oder Saos, den ersten Ansiedler oder den Heros Eponymos von Samothrake, gezeugt habe. Der Name Rhene wird von Schaf, Lamm abgeleitet. Preller fasst Rhene als Göttin der Schafherde.

Dionys nennt einen Sohn des Hermes und einer kyllenischen Nymphe Arkadiens, genannt Rhene. Auch hier lässt sich übrigens sagen: Sollte Rhene geradezu (weibliches) Schaf bedeuten, so wird man sich Hermes in diesem Mythos wahrscheinlich als Widder gedacht haben, das alte Götterpaar in dieser Tierform.

Verwandt ist die aus der Ilias bekannte Sage von Hermes Liebe zur schönen Polymele (viele Schafe besitzend), der Tochter des Phylas. Der Gott verliebte sich in sie, als er sie beim Reigentanze in dem Chor der Artemis erblickte, was an die oben mitgeteilte Schilderung Ovids vom Abenteuer mit Herse erinnert; Polymele gebar dem Gotte den Eudoros; sie entspricht jener samothrakischen Rhene.

Überhaupt buhlt Hermes vielfach im schöpferischen Sinne mit Nymphen, deren Liebhaber und Entführer er ist, und entsprechend der eben berührten Stelle der Ilias sagt Aphrodite im sogenannten homerischen Hymnus auf sie, dem Anchises Falsches vorspiegelnd: Jetzt hat mich der goldbestabte Argeiphontes aus dem Chor der Artemis geraubt. Diese Rolle setzt dann sein Sohn und seine Nebengestalt Pan fort, der gern mit den Nymphen rituell tanzt, und auf dessen Liebe zur Selene hier besonders hingewiesen sei.

Auch Hermes (=Arion) Beziehungen zur Göttin der Unterwelt (=Ariane) bestätigen unsere Gesamtauffassung. Die Artemis, mit der er den Eros gezeugt haben soll, ist wohl für Hekate (Ariane) zu halten. Dass Hermes zusammen mit Hekate zu Methydrion in Arkadien an jedem Neumond geopfert wurde, haben wir oben gesehen; Hesiod stellt beide als Beförderer des Herdesegens zusammen. Sein erotisches Verhältnis zu der vom Unterweltsgott geraubten Persephone ist ebenfalls oben mit Ciceros Worten erwähnt worden. Zu Pherae am böbeischen See in Thessalien erzählte man, dass er dort mit Brimo gebuhlt habe. Brimo ist Beiname der Hekate, der Persephone, der Demeter und Kybele und der Artemis von Pherae, alles Gottheiten, dessen geistiger Name man mit Ariane identifizieren kann.

Als Sohn des Hermes wird auch Myrtilos, der treulose Wagenlenker des Oinomaos, bezeichnet. Hermes rächte seinen Tod, indem er den goldenen Widder zum Zankapfel zwischen Atreus und Thyestes machte.

6. Unmittelbar aus Hermes Mondwesenheit abzuleitende Beigaben und Eigenschaften, denn der Mond steht als Symbol für Rhythmus: 4 x 7 = 28!

Berühmt ist der goldene Stab des Hermes. Seine Erwähnung ist alt. Die Bezeichnungen Peitsche, Gerte, Stab, Zepter, Caduceus bezeichnen von Hause aus natürlich dieselbe Sache. Hermes hat einen solchen Gegenstand, weil er in seiner schmalsten Form als ein solcher erscheint. Man sieht den goldenen Stab (vielleicht auch die Krücke, den Griff) am Himmel; alles übrige, auch die Gestalt des Gottes, denkt man sich hinzu, gerade wie man sich bei den goldenen Hörnern der Mondkuh die Kuh hinzudenkt. Die Ilias berichtet von Agamemnons Herrscherstab und Zepter: Hephaistos hatte es verfertigt; Hephaistos gab es dem Herrscher Zeus Kronion, Zeus aber dem Hermes, Hermes dem Pelops, Pelops dem Atreus; Atreus aber hinterließ es bei seinem Tode dem Thyestes, Thyestes dem Agamemnon. Hephaistos ist natürlich der Verfertiger aller aus leuchtendem Golde oder Erz gefertigten Kleinode am Himmel und im Kosmos, an dessen Gestirn-Bild man sich nach Peryt Shou geistig entwickeln kann. Die aufgezählten Besitzer sind samt und sonders göttliche Wesen. Besonders ist Pelops (= Vollgesicht oder Vollauge) ein lunares Wesen; er erhält den (natürlich golden zu denkenden) Stab von Hermes und gibt ihn weiter; nach meinem Dafürhalten bildet den Hintergrund der Rede die Naturanschauung, dass der Herrscher Mond, der so früh sterben muss, sein Attribut (den schmalen goldenen Streif) seinen Nachfolgern, in denen er sich immer wieder erneuert, hinterlässt; dieser Mythos ist nun, wie das der ordnungsmäßige Entwicklungsgang ist, in die menschliche Sphäre hinabgesunken und mit historischen Erinnerungen verknüpft. Herakles z. B. gibt den Apfel der Hesperiden dem Eurystheus, dieser gab sie Herakles zurück, Herakles gab sie der Athene mit der Bitte, sie nach ihrem alten Platz zurückzubringen. Wenn nach späterer Aufzeichnung Hermes in die Herde des Atreus das gold-vliesige Lamm schickt, welches als Zeichen des dortigen Herrscherrechtes gilt, so wird der Sinn nicht verschieden sein von der Verleihung des Zepters.

Es heißt von Hermes: Hierauf nahm er den Stab, womit er der Sterblichen Augen zuschließt, welche er will und die Schlummernden wieder erwecket; fast dieselben Worte stehen im 24. Buch der Odyssee, nur dass der Stab noch als schöner, goldener bezeichnet wird. Wir sehen dort, dass dieser Stab auch dazu dient, die Seelen der Gestorbenen in die Unterwelt zu treiben. Hermes hat eben von alters her die Rolle als Traumgott und Seelenführer. Der von mir behauptete Naturursprung macht ihre Beziehung zum Einschläfern ohne Weiteres klar: Wenn die Mondsichel oder der Mondstreifen am Abendhimmel erscheint, wenn also Hermes naht, ist es Schlafenszeit, und Menschen wie Tieren fallen allmählich die Augenlider zu. Von Wichtigkeit ist die ausdrückliche Hervorhebung der goldenen Beschaffenheit dieses von Hephaistos geschaffenen Stabes. In alten Göttersagen ist dies immer von Bedeutung. Ein Wind z. B. hat keine goldenen Gegenstände im Besitz. Der Geist der ältesten Mythenerzählern war, was sie über die Götter sagten, meist heiliger Ernst; sie gaben die Überlieferung, die sie ohne Frage mit saurem Schweiße erlernt hatten, (weshalb die Dichter im Altertum für gelehrt galten und dafür gelten wollten), streng gewissenhaft wieder. Wenn sie den Stab des Hermes golden nannten, so taten sie es, weil er von jeher so genannt worden war, weil sich an der Tatsache nicht rütteln ließ. Es ist keine bloße Redensart; der Mythos meint es durchaus so, wie er es sagt. Hermes´ Stab ist eben golden, und wir müssen diese Tatsache heute ebenso gut beobachten können, wie es die Alten taten. Und weil sie sich jedem, der Augen hat, enthüllt, so nannten die Alten den Gott mit stehender und feierlicher Bezeichnung einen *mit goldener Rute, goldenem Stabe*, wahrhaftig nicht deshalb, weil es einem beliebigen Dichter einmal eingefallen war, ihn aus freier Erfindung mit einem goldenen Stabe, etwa wie Horaz den Alcaeus in der Unterwelt mit goldenem Plektrum, sondern um ihn zu ehren.

Dieser goldene Stab ist derselbe wie der, welche im Hymnus auf Hermes Apollo dem Bruder schenkt, wie der spätere Caduceus, der Schlangenstab des Gottes, ja wie die schimmernde Geißel, welche Apollo ebenfalls dem Hermes aushändigt. Für den nach dem physischen Ursprunge forschenden Mythologen sind alle diese Gegenstände, ebenso wie das von Hephaistos verfertigte Zepter, ein und dasselbe. Und wenn Hermes auch einmal Chrysaor heißt, so wundern wir uns darüber durchaus nicht, da wir längst überzeugt sind, dass die Mondsichel auch als goldener Krummsäbel am Himmel bezeichnet wurde, und dass die Gestalt des Chrysaor, wo sie in den Mythen erscheint, nirgends etwas anderes bedeutet. Ebenso wenig wundern wir uns darüber, dass ihm hin und wieder die Sichel oder die Harpe in die Hand gegeben wird. Es ist die altbekannte mythische goldene, gewaltige, erdgeborene Sichel, die wir am Himmel sehen. Mit ihr tötet Hermes den Argos; sie gibt er dem Perseus, um die Enthauptung der Medusa (des Mondhauptes) vorzunehmen; sie führt Mercur auch auf italischen

Abbildungen, doch wohl, weil sie ihm von alters her zukommt. Auch als Beil (Doppelaxt) kann derselbe himmlische Gegenstand bezeichnet werden. Mit dem Beile spaltet Hermes (oder Hephaistos) Zeus das Haupt, damit Athene herausspringen kann.

Beachten wir zunächst die Bezeichnung den Keren (Tod) nicht unterworfen bzw. unsterblich zu sein; sodann der dreisprossige oder dreiblättrige oder aus drei Zweigen bestehende Stab, wie Rudra einen dreiteiligen Pfeil besitzt, mit der Bedeutung: Alle guten Dinge sind drei, seine wahre Bedeutung findet! In der ältesten, jedenfalls einfachsten Form wird der Stab abgebildet als Halbkreis (Mondsichel) mit einem in der Mitte nach außen hin als Fortsetzung des Radius angefügten Strich, d. h. die goldene Mondsichel war als die Krücke oder der Griff des Stabes geschaut; den Stab selbst sieht man nicht, er wurde aber in der Einbildung hinzugedacht, gerade wie der Stiel zum Beile, wenn der Mond als solches geschaut wurde.

In anderen zusammengesetzten Formen sieht man oben diese halbmondförmige Krücke, darunter einen oder auch zwei Vollkreise über dem Stabe,

was mir eine Hindeutung auf die Form des vollen Mondes enthalten scheint; in einer merkwürdigen Darstellung erscheint er wie drei sich berühren Kreise, von denen der rechts nicht ganz geschlossen ist, der links nur aus einem Bogenstück besteht, als sollten sowohl der abnehmende als auch der zunehmende neben dem vollen zur Darstellung kommen.

Dies hängt ohne Zweifel mit der so oft betonten Dreigestalt des Mondes. (dem Monde in seinen drei Hauptformen), zusammen. Ganz vortrefflich zu unserer Auffassung stimmt die allerdings aus späterer Zeit stammende Nachricht, dass des Hermes (Mercur) Stab an der Spitze golden, in der Mitte hell schimmernd, am Griffe pechschwarz sei.

An den dreigestaltigen Heroldstab knüpfen wir die Dreiköpfigkeit. Zweiköpfigkeit, Vierköpfigkeit (vielleicht auch Vielgestaltigkeit) des Gottes an. Bei dem tiefgelehrten, nichts erfindenden Lykophron heißt Hermes der Gott von Nonakris (in Arkadien) der Dreiköpfige, Schimmernde. Nicht so sicher ist, ob Hermes auch der Vielgestaltige genannt wurde; es ist auch der Beiname, der so viel wie der Gelenkige gedeutet wird, überliefert.

Die Anordnung der drei Gestalten in den dreigestaltigen Statuen ist eine solche, dass man beim Betrachten derselben links stets eine dem Gesicht des zunehmenden Mondes entsprechende Profilstellung, gerade vor sich die dem Vollmond ähnliche Stellung, rechts das Profil des abnehmenden Mondes hat, welches dem Wechsel des elektromagnetischen Fluides entspricht.

Wenn die Dreiköpfigkeit die drei Hauptphasen des zunehmenden, vollen und abnehmenden Mondes ausdrücken soll, so ist bei seiner Zweiköpfigkeit nur das nach Osten gerichtete Gesicht des zunehmenden und das nach Westen blickende des abnehmenden bezeichnet. Welche Auffassung man bevorzugen wollte, hing ganz vom der Gestaltung ab.

Die Hermen zeigten die Gestalt als bloßen Kopf, denn das ist der Mond eben, die übrige Gestalt muss man sich hinzudenken; er ist zunächst nichts als ein runder Körper, daher wird er „rund". Dass eine solche Darstellung vor allem dem Hermes zukam, dafür ist das ein sprachlicher Grund, dass später jeder Kopf, der in einen viereckigen Fußpfeiler oder in eine Säule auslief, Herme hieß.

Der Hermes-Kopf trägt nun in ältester Zeit gewöhnlich einen starken spitzen Bart; der Gott ist mit einem Keilbart versehen. Man sehe sich die Zeichnung des ersten und letzten Mondviertels in unsern Kalendern an, und man wird den Grund begreifen. Dem Namen des Königs Drosselbart im Märchen liegt dieselbe Anschauung zugrunde.

Aus der Gewohnheit, Hermes die Zunge der Opfertiere zu opfern, lässt sich vielleicht schließen, dass er ursprünglich auch als Zunge geschaut wurde bzw. als Schöpfer der Sprache; denn das ist beim Monde tatsächlich oft der Fall gewesen, daher das Ausreißen der Zunge in vielen Mondmythen eine bedeutsame Rolle spielt.

Dem Gotte kommt bekanntlich ein (kreisrunder) Hut als Kopfbedeckung zu, der eine Anspielung auf den Vollmond darstellt; daneben aber hat er auch oft einen Spitzhut, eine spitz zulaufende Kappe, den auch Odysseus, der heroisierte Hermes, trägt; man könnte dies auf die Form des Mondes bald vor oder nach dem Vollmonde beziehen; ferner kommt ihm der (unsichtbar machende) Helm des Aides zu, die Tarnkappe, die den Mond als Neumond verhüllt. Die gleiche Ausstattung des germanischen Wuotan (Odhin) mit dem breitkrämpigen Reisehut ist vielleicht sehr alt und war wohl mit der Hauptgrund dafür, dass die Alten ihn dem Hermes gleichsetzten. Wir haben nun schon die hochinteressante, freilich spätere Nachricht mitgeteilt, dass des Hermes Kopfbedeckung halb weiß und halb schwarz wäre, die dem Wechsel des Mondes entspricht.

Es gibt unzählige mit Mond verbundene Mythen und in unzähligen deutschen Sagen und Märchen findet man viele solche Analogien wie die Erlösung suchende Jungfrauen, die der Gerda, der Idun gleichen, halb schwarz, halb weiß, wie in den amerikanischen Mondmythen.

So wurden Sonne und Mond von jeher als die Augen des Himmels bezeichnet, als Osiris und Isis, als das männliche und weibliche Prinzip. Die zahlreichen Beispiele, die sich davon bei Ägyptern, Indern, Griechen, Germanen und Slawen finden, sind oft zusammengestellt worden; die Anschauung war allgemein und überall verbreitet. Von der hohen Warte des Himmels aus überschauen Sonne und Mond die Welt und alles, was darin geschieht; das ist notwendige und uralte Anschauung. Deshalb ist Hermes wie viele andere Götter Allseher und Späher der Nacht. Bei Plutarch erscheint Hermes im Monde, wie Herakles in der Sonne.

Auch den Diskus hat er, weil er selber (als Vollmond) ein runder Diskus ist. Die meisten Sachbeigaben der Götter sind nachweislich auf ähnliche Weise entstanden: Ceres' Sichel, Aphrodites Apfel, Thors Hammer usw. Eine sehr interessante Parallele zu Hermes' Tätigkeit als Diskuswerfer bietet wieder die Mythologie der Mexikaner, in der der schwarze und der rote Tezcatlipoca, der ein Mondgott ist, als Ballspieler erscheint. Es liegt nun nahe anzunehmen, dass man die beiden großen Lichtkörper, Sonne und Mond, als Kugeln angesehen und ihre Bewegung über den Himmel mit dem Fliegen des Gummiballs über den Ballspielplatz verglichen habe. Dem Ballspiel wurde deshalb von den alten Mexikanern und den andern Stämmen Mittelamerikas eine besondere mythische Bedeutung beigelegt. Auch als Federbälle oder aus Federn bestehend wurden Sonne und Mond gedacht. Eine primitivere Anschauung der gleichen Art ist die der Australier, dass beide Bälle von Leuten im Osten aufgeworfen und von solchen im Westen aufgefangen werden. Angesichts dieser durch die vergleichende Mythologie oder Ethnologie an die Hand gegebenen Tatsachen erscheint es geraten, auch Hermes´ Tätigkeit als Diskuswerfer unmittelbar an seine Wesenheit als die eines himmlischen Diskus anzuknüpfen.

Er war außerdem der Gott als Phallus, weil er den Schöpfer versinnbildlichte. Die alten Hermenbilder führten ihn zum Tell mit riesiger Deutlichkeit. Der Phallus wurde geradezu mit dem Gotte identifiziert. Hermes ist ein zeugnerischer und befruchtender Gott, was auch wiederum mit dem Mond in Beziehung steht, der Befruchter aller Kreaturen, der eigentliche Erzeuger aller Tiere und aller Menschen sei. Wir wissen, dass dieser überall verbreitete Glaube mit dem angenommenen Einfluss des Mondes auf die Menstruation und die Schwangerschaft zusammenhängt, wie dass der Mond die Samen des Himmelsgottes (d. h. des sichtbaren und wirkenden) seien, der dann im Neumond ein Verschnittener ist.

Somit wäre der Phallus allerdings fast als der Ausgangspunkt der Vergötterung des Hermes zu betrachten, nämlich der am Himmel, aber nicht die Vergötterung des männlichen Zeugungsgliedes schlechthin, wie einige geglaubt haben.

Noch berechtigter ist es, unmittelbare Naturanschauung bei den dem Gotte beigegebenen heiligen Tieren anzunehmen, zunächst beim Widder. Dieser ist ihm in den mannigfachsten Verbindungen als Beigabe zugeteilt; ja nach Pausanias hieß er geradezu der Gehörnte, in Verbindung mit den Mysterien der Göttermutter. In den Kunstdarstellungen führt Hermes zuweilen den Widder, zuweilen trägt er ihn unter dem Arm, manchmal sitzt er auf einem Widder oder fährt mit einem Widdergespann. In einer Darstellung finden wir einen mit Widderhörnern versehenen Hermeskopf auf einer Herme aufliegend. In Tanagra genoss der Gott Verehrung als Widder. Die sogenannten Tiersymbole der Götter sind samt und sonders auf solche Weise entstanden. Der Mond wurde von einem schafzuchttreibenden Volke, wie anderwärts als Stier und Kuh, hier als Schaf, gewiss als goldenes, aufgefasst. Das bedeutet ja auch der goldene Widder des Phrixos, dasselbe auch der von Hermes dem Atreus geschenkte goldene Widder. Dasselbe Tier ist (neben Stier, Pferd, Maultier) auch Selenes Reittier; auch andere Mondgottheiten stehen mit ihm in Verbindung.

–   Der Hahn, der ebenfalls Hermes beigegeben wurde; es ist das kein Symbol, sondern dies Tier ist wieder eine Form, unter der man den Mond anzuschauen pflegte.

118

- Auch als Adler erscheint Hermes bzw. Merkur;
- Die Schildkröte wurde zu Hermes in Beziehung gesetzt aufgrund ihrer Weisheit.
- Auch Schlange und Eidechse werden zu Hermes in Beziehung gesetzt, alles Symbole für die Kundalini.

7. Hermes und die Toten:

In Athen sah man sehr oft vor den Häusern Hermen (Pfeiler bzw. Büsten) stehen, und nicht allein vor den Toren der Privathäuser – auch auf dem Markt, vor den Toren der Stadt wie in den Vorhallen der Stadtburg. Natürlich werden sie ganz allgemein als ursprüngliche Kultmale des Hermes erklärt: Hier wacht der Gott alles Eingangs und Ausgangs, der Gott der Türangeln, der selbst unsichtbar durch das Schlüsselloch hineingehen kann, Diebe fernhaltend und das Haus schützend.

Wie ist aber Hermes zu dieser bedeutsamen Stellung im griechischen Hause gelangt?

Das wollen wir nun klären. Wieso wirkt die phallische Herme stark Unheil abwehrend wie die Phallen an italischen Häusern und Stadtmauern? Denn offenbar ist diese Wirksamkeit des Hermes als eines Türhüters nicht eine sekundäre Spezialisierung einer umfassenderen Tätigkeit des menschenfreundlichen Gottes – dafür ist das Bedürfnis göttlichen Schutzes von Seiten der Hausbewohner, die die Haustür sich gleichermaßen Freunden und Feinden öffnen sehen, doch zu naheliegend. Eher möchte man an irgendeinen Spezialgott des Türöffnens denken, ein göttliches Vorbild aller Türhüter, der ohne Schlaf tags und nachts aufpasst und die Leute genau ansieht. Aber hier muss man noch einen weiteren Weg einschlagen, um die bedeutende Wirksamkeit des schnellen göttlichen Boten, wie er da vor dem griechischen Hause Wache hält, gleichsam im vaterländischen Boden festwurzelnd, zu erklären. Der Zusammenhang zwischen dem Türhüten des Hermes und dem Wohlergeben der Hausbewohner ist viel intimer. Man muss den sonstigen Glauben, der sich in Griechenland – und auch anderswo – an die Tür knüpft, heranziehen, um das zähe Festhalten der Athener und der übrigen Griechen an alter Sitte mitten in ihren ummauerten Städten zu erklären. Dieser Glaube aber hängt offenbar mit dem sonstigen Gespensterglauben zusammen, der aus der uralten Sitte, die Vorfahren vor (hinter) der Tür oder unter der Torschwelle zu begraben, hervorgegangen ist und noch vielfach in Europa als altherkömmlicher Zauber besteht: Denn Hermes wird da verehrt, wo man die Toten begraben hat!

8. Hermes am Herde.

Die Griechen haben in den ältesten Zeiten ihre toten Verwandten im Inneren des Hauses, und zwar unter oder neben dem Herde begraben. Es heißt, dass die Griechen (und Römer) einmal ihre Toten im Hause beisetzten, und von der Gattin des Phokion heißt es genauer, dass sie die Gebeine ihres in der Fremde gestorbenen und verbrannten Gatten nachts in ihr Haus hineinbrachte und neben dem Herde bestattete. Die Ausgrabungen in Griechenland bestätigen diese Überlieferung. In Orchomenos hat Furtwängler diese Bestattung in runden vor mykenischen Häusern nachgewiesen, und dasselbe Verhältnis wiederholt sich in den prähistorischen Gräbern in Thorikos. Besonders hat sich die alte Sitte bei Kinderbegräbnissen erhalten, ebenso im alten Kanaan.

Aber sicherlich hält der Tote dadurch die Familie zusammen und ist ein Gewähr ihres Wohlergehens geworden. Die toten Vorfahren hatten damals dieselbe Bedeutung, die Platon den lebenden alten Eltern beilegt. Auch bietet sich auf diese Weise die beste Gelegenheit dazu, jeder Zeit dem Toten die gebührende Aufmerksamkeit zu erweisen, wenn er immer weiter am Haushalte teilnimmt. Dadurch wird bewusst oder auch unbewusst ein wahrer Hausgeist erschaffen! Jedoch Vorsicht, denn es können sich auch negative Wesenheiten einschleichen!

Was man im alten Hause seit Alters besessen hat, wird man sich wohl beim Neubau auf irgendeine Weise verschaffen haben; ein schützender Hausgeist ist ursprünglich jedem neuen Hausstande nötig gewesen. Wenigstens legt das Bauopfer, wie es die primitiven Völker noch vornehmen, es nahe, dass man früh durch Menschenopfer sich den notwendigen, das ganze Gebäude tragenden Hausgeist verschafft hat: Besonders hat sich der Glaube, wie schon bemerkt wurde, was die Kinder betrifft, zäh erhalten – ist aber auch früh zur Hinrichtung irgendeines Verbrechers (Sklaven, Feindes) oder zum stellvertretenden Hahn-(Lamm-)Opfer abgeschwächt worden.

Diese alte Gewohnheit, die Leichen neben (unter) dem Herde zu bestatten und die daraus sich ergebende Sitte, ein Menschenopfer zur Befestigung des Gebäudes darzubringen, hat sich aller Wahrscheinlichkeit nach beim Altarbau erhalten. Man kann sie mit der Geschichte, die Phlegon erzählt, ebenso die Geschichte von Arabern bei Porphyr, die Kinderopfer tätigten, vergleichen, auch den an der Stalltür sich aufhaltenden, Pferde scheuchenden Dämonen. Bei den Griechen haben, wie es scheint, beim Altarbau und bei der Weihung von Götterbildern (der Hermen) mit der Panspermie die Menschen-(Kindes)-opfer ersetzt. Diese sind in eigentlichem Sinne die Laren (Schutzgötter) der Römer.

Was nun Hermes und sein Verhältnis zu den im Hause begrabenen Familienmitgliedern und den dort waltenden Ahnengeistern betrifft, sind die Spuren eines ehemaligen Hermeskultus, der sich auf den Herd beziehe, beinahe verwischt. Auch die Vorstellungen von den hier wohnenden Toten sind ja bei den Griechen allmählich ganz in den Hintergrund getreten: Einen anhaltenden, intensiven Larenkultus, den Kult der Schutzgötter, wie die Römer, haben die Griechen nicht gehabt. Eine Spur gibt es doch vielleicht: Zunächst ist er hier ein Feuergott des Herds, wie sein Äußeres zeigt, aber sein ganzes Verhältnis zur Hestia, das die Zeit noch nicht völlig verdunkelt hat, mag doch zugleich in der Bedeutung der beiden für das Wohlergehen der Familie, das auf den guten Beziehungen der Lebenden zu den Toten beruht, begründet sein.

Diese Aussage gewinnt an Härte, wenn wir die nächste Stufe in der Entwickelung des Hermes als Totengott betrachten.

9. Hermes an der Tür und vor dem Tor, an den Dreiwegen und an den Landesgrenzen.

Auf dem Dreiwege, sowie Landesgrenzen, haben die Eltern oft ihre kleinen Kinder bestattet, vielleicht deshalb, weil hier, altem Seelenglauben gemäß, an dem Knotenpunkte der Wege der Lebenden auch die Toten Verehrung bekamen? Den Sarg setzt man dreimal auf der Türschwelle nieder, damit der Segen des Toten im Hause bleibt.

Denselben Weg wie die Toten hat aber gerade Hermes zurückgelegt. Wie er am Eingange des einzelnen Privathauses Wache hält, so auch an der Landesgrenze. Es liegt deshalb nahe zu schließen, dass Hermes und sein Kultmal, die Herme, an allen diesen Stellen steht, eben weil Hermes Totengott ist: Als der Begräbnisplatz verlegt wurde, hat er doch seine Stellung zu erhalten vermocht. Auch in Tibet verspricht Buddha Ambithaba für eine glückliche Wiederkehr der Toten, was auf die gleiche Idee zurückgeht. Es lässt sich von diesem Gesichtspunkte aus, wie ich glaube, Verschiedenes zur Beleuchtung sowohl des Kultus des Hermes wie des sonstigen Zaubers und Glauben, der mit dem Totenkultus zusammenhängt, gewinnen.

10. Die Tür, Türpfosten und Türschwelle.

Dass die Seelen sich gerne an den Türen aufhalten, ist allbekannt. In Indien wohnen die Seelen nach primitivem Glauben unter der Schwelle, der Schwelle zum Jenseits! Das indische Totenopfer wird in der Nähe der menschlichen Wohnungen vollzogen – denn hier wohnen die Seelen, hier werden sie gespeist, ernährt und gekleidet. Ebenso im alten hohen Norden: In der Saga Erichs des Roten stehen die Toten vor der Tür, bzw. werden von der Haustor auch die Geister vertrieben. Ein Totengott wird erst in diesem Zusammenhang verständlich. Endlich ist diese ganze Vorstellung ins Totenreich selbst projiziert worden; denn um ins geräumige Haus des Totenfürsten zu gelangen, musste man über die eherne Schwelle hinüberschreiten. Diese Schwelle hat, um mit Hesiod zu reden, ganz tiefe hermetische Wurzeln.

Es liegt nahe, die verkümmerten Reste des ehemaligen Totenkultus, der an der Schwelle stattgefunden hat, im griechischen und römischen Zauber wiederzufinden. Das Salben der Türpfosten fällt folglich mit dem Salben des Hermes-Kultmales zusammen – beiderlei ursprünglich den Toten zu Ehren.

11. Totenpflanzen und Totentiere als Grabbeigaben mit bestimmter Wirkung.

Schon die Baum- oder Pflanzenarten, die man an der Tür anbringt, zeigen den Charakter dieser Gaben und auch hier können wir denselben Einfluss des Totenkultus auf den Hermenkultus wahrnehmen. Jede Pflanze wie Myrte, Efeu, Keuschlamm, Zypresse usw. zeigt durch seine Eigenschaften die Form der Darbringung an.

12. Die Türangeln und der Torschlüssel.

Nach Wuttke dürfen die Seelen am letzten Tage der Woche aus dem Fegefeuer in ihr Haus zurückkehren und pflegen dann unter der Türangel zu sitzen oder (in Süd-Tirol) unter den Dielen der Stube; wenn man die Angeln des Scheunentores einschmiert, erleichtert man die Qualen der büßenden Seele; beim Beschreien werden die Türangeln mit dem Waschwasser überschüttet. Eben aus solchen Anschauungen ist die Gestalt eines Hermes, einer Artemis zu beurteilen, welche solch einen Übertritt aus dem geistigen über die Schwelle durch das Tor überwachen.

Ebenso wird der Alp, der ja durchaus erotischer Natur ist und direkt aus der Bedeutung der Seelengeister für die Fruchtbarkeit abzuleiten ist, durch allerlei Vorkehrungen beschwichtigt, wie durch Singen des Gottesnamens, das an der Tür vorgenommen wird. Mit dem Schlüssel (für die Tür ins Geistige) hat man auch viel Zauber getrieben, aber dank den Türnamen hat er die ehernen Tore des Hades geöffnet, ehe er Himmelsschlüssel wurde.

Hermes, der durch alle Öffnungen hineindringt, geht in seine Höhle hinein, als ein Seelchen, weil hier der Seelenweg gemeint ist. Mit altgriechischen Glauben hängt wohl die Sitte zusammen, dem Toten einen Schlüssel in den Busen zu stecken zum Übertritt ins Astrale. Hermes nimmt folglich denselben Weg wie der Schlüssel, der ins Schloss gesteckt wird – man sieht auch den Schlüssel mit seinem Kopfe verziert!

13. Hermes als Gott der Toten.

Der Kultus des Hermes trägt deutliche Spuren vom Einfluss des Totenkultus, sowohl was die Zeit wie die Opferweise betrifft. Man opfert ihm wie den Toten ein Mahl. Der Charakter des Hermes als Totengottes ist vorherrschend gewesen. Dazu kann man schön die Hermen an den Grabstelen und die Weihungen an Hermes Chthonios betrachten. Hermes hatte eine besondere Vorliebe für Opferkuchen und Trankspenden, seine Kultmale sind wie die Steine der Toten verehrt, mit Öl übergossen, mit Totenpflanzen geschmückt worden. An jedem Neumonde hat man dem Hermes wie der Hekate außer Kuchen auch Raucherei geopfert. Räucherei ist gerade im Totenkult üblich.

Wie den Göttern erquicken sie auch den Menschen durch das Quellwasser: Neben einer Herme sehen wir öfters ein Wassergefäß stehen vor der Tür des Sterbehauses. Die mythischen Sandalen aber des Hermes verweisen uns direkt in den Vorstellungskreis des Übertretens ins Jenseits. Der Schuh steht für das Gotteshaus, für den göttlichen Schutz, für dessen Weg. Deswegen lieben Tote Schuhe, in die sie gerne schlüpfen.

Hermes hat, als Totengott, zugleich als der Erste die Toten prototypisch nicht allein bestattet, sondern ausgestattet, ja er hat, als dieser Zug komisch gefärbt wurde, geradezu eine kriminelle Vorliebe für die Kleider bekommen, die auch die Toten lieben. Diese treibt ihn dazu, der Mutter und den Tanten die Kleider abwendig zu machen. Er hatte auch, wie man erzählte, die Bekleidung überhaupt erfunden. Diese Umlegung des Leichenkleides ist ein so bedeutsamer Akt des Begräbnisses, dass auch die Leichenfrauen des modernen Griechenlands nach dem weißen Leichentuch genannt wurden.

Hermes ist überhaupt der göttliche Bestatter. Er ist derjenige, der dem Toten die Beigaben mitgibt. Gleichem Zwecke mag der Charongroschen dienen, der dem Toten auf die Zunge gelegt, zwischen die Zähne noch heute gesteckt wird. Hier ist die Münze als beliebtes Manenopfer nur ein Mittel zum Zweck. Dem Hermes gehört aber gerade das Zungenopfer, er ist wirklich ein Herr der Zungen, dem es Niemand am verzaubernden Überreden nachmacht. Er kann auch anderen die Zunge binden und lösen – auch wie die Pythagoreer die schöpferische Geisterrede nannten. Vielleicht ist die schöne Rede gerade wegen dieser unheimlichen Stimme, die er in seiner Gewalt hat, ein so hervorstehender Charakterzug des Götterherolds geworden. Denn derjenige, der den Menschen durch seinen Zauberstab die Augen öffnet und schließt, ist Hermes. Auch diesen, von späteren als einen Pietätsakt aufgefassten Teil der Bestattungsgebräuche hat Hermes mit göttlicher Hand ausgeführt. Um die gewaltsam Getöteten oder zufällig Gestorbenen, d. h. diejenigen, deren Wiederkehr man am meisten fürchtet, festzuhalten, steht Hermes mit seiner Macht gerade. Anderseits führt Hermes die Seelen aus dem Totenreiche zum Lichte empor, und als Nekromant ist er ein Vorbild des totenbeschwörenden Priesters.

Ein anderer Zug des Hermeskultus ist an dieser Stelle zu erwähnen, weil Ähnlichkeiten in sonstigen Totenfesten vorliegen. Wo der Phallos steht, auch wenn er Grabphallos sein mag, erheben sich Gelächter und Lustigkeit von selbst, dass die erhobene Stimmung, die an solchen Festen sich zuweilen äußert, und eine ephemere Gleichstellung der Lebenden herbeiführt, auf griechischem Gebiete im Totengotte Hermes einen typischen Repräsentanten gefunden hat. Das heitere Fest erleichtert den Abschied.

Hermes, der gewaltigste aller Götterkinder, hat einer Sage zufolge die Milch der Himmelskönigin Hera hervorgelockt, die Milchstraße dadurch hervorgerufen durch das Verspritzen derselben am Himmel. Dass man die Entstehung der Milchstraße diesem Gotte zugeschrieben hat, besteht darin, dass er am meisten auf solche Himmelspfade wandelt, und außerdem darüber die Seelen der Gestorbenen von oben nach unten und umgekehrt führt, zum Leben in beiden Reichen. Man begegnet dem großen Wanderer bei der Geburt sowie beim Tod, da er das Weltall darstellt.

14. Hermes als Gott der Chytren und Gott der Kinder.

Der Schlaf ist doch ein Bruder des Todes und Hermes als Herr des Todes geht doch dem Hermes als Herrn des Schlafes voraus. Und es beruht kaum auf einem Zufalle, dass für das Kindergrab angegeben wird, dass der Kopf nach Osten lag, das Antlitz folglich nach dem Westen schaute um den kosmischen Auf- und Untergang zu symbolisieren.

Die Herrschaft über die Ertrunkenen werden sich Hermes und der Gott des Wassers Poseidon ursprünglich geteilt haben. Das Meer ist das Seelenreich, in dem die Toten wandeln.

Hermes ist aber auch Gott der ausgesetzten Kinder, weil die Aussetzung den Charakter einer symbolischen Bestattung trug. Dermaßen scheint folglich Hermes Herr der Leichenkrüge gewesen zu sein, dass alles, was da hineingesteckt wird, ihm gehört. Diese Leichenbestattung wurde aber auf die Kinder beschränkt, was wiederum auf die Stellung des Hermes Einfluss ausübte. Die Griechen legten sowohl die Leichen der Toten wie die Lebenden in die Leichengefäße. Diese Aussetzung ist folglich der Form nach eine Bestattung, in der Wirklichkeit eine Tötung. Z. B. wurde Ion den Vögeln und wilden Tieren preisgegeben, was man direkt als eine Tötung auffassen kann. Aber viele gute Mütter dachten wohl wie die athenische Prinzessin, dass ein Gott das Kind erhalten möchte. Dieser Gott war eben Hermes.

Als Leichengefäß-Gott oder als Götterbote überhaupt, findet Hermes den Ion, bringt ihn zu der Tür des delphischen Tempels, wo die Priesterin ihn als ein rechtes Opfer, eine Gabe des Hermes, findet und das Findelkind als eine Gabe Gottes ansieht, wie auch heutzutage gottesfürchtige Leute sich der Kinder, die sie vor der Türe finden, als Gottesgaben annehmen. So hat Hermes auf einer tanagräischen Schale auch den Oidipus auf dem Kithairon gefunden und der korinthischen Königin übergeben, welche für Gaia als der Mutter Erde steht.

*

Schluss: Die Offenbarung des Hermes:

Der große Hermes Trismegistos ließ durch den Mystagogen That den

Asklepios über die Zukunft belehren, denn noch wusste Asklepios nicht, dass Ägypten das Bild des Himmels, ja die Wohnstätte des Himmels und aller himmlischen Kräfte, der Tempel der Welt, sein sollte.

Aber bevor das alles eintrifft, wird, so sagte der Offenbarer, eine Zeit kommen, in der die Ägypter die Götter umsonst anbeten und alle ihre Gottesdienste fruchtlos bleiben werden, weil die Götter Ägypten verlassen haben und zum Himmel hinaufgestiegen sind. Wie eine Waise wird Ägypten sein, nachdem es von allen seinen Göttern verlassen worden ist. Dann aber werden Fremde in das Land kommen und werden es beherrschen. Sie werden die Ägypter am altgewohnten Gottesdienst hindern und jene bestrafen, die sie dabei antreffen, wenn sie heimlich den alten Göttern dienen. Dann aber wird jenes Land, das einstmals das frommste Land auf der Welt war, ein gottloses Land sein. Es wird nicht mehr angefüllt sein mit Tempeln, sondern mit Gräbern, nicht mit Göttern, sondern mit Leichen.

Und alle Feinde werden im Lande angesehener sein als die Bewohner des Landes. Alle Ägypter aber, die bis zu diesen Tagen das Land nicht verlassen haben, werden sterben müssen. Und so wird das Land nicht nur von den Göttern, sondern auch von den Ägyptern entblößt sein. Der Nil wird Blut statt Wasser führen, und die Leichen werden höher liegen als die Deiche sonst. Niemand wird mehr die Toten betrauern, denn alle Ägypter ziehen es vor, lieber ins Ausland zu gehen, um ihren Wächtern zu entfliehen. Ägypten aber wird zum Muster der Gottlosigkeit werden. Die Welt und ihre Ordnung wird völlig verkehrt werden. Man wird den Frommen für einen Narren und den Gottlosen für einen weisen Mann halten. Man wird den Frevler ehren und den Guten als Verbrecher strafen, denn niemand wird sich mehr um die Seele kümmern. In jener Zeit wird die Erde wanken und der Mensch nicht mehr zur See fahren können, denn er wird auch die Sterne am Himmel nicht mehr sehen. Alle runischen Gebete werden verstummen, und das wird das Alter der Welt sein: Gottlosigkeit, Schande und Missachtung der guten Worte.

Aber wenn diese Dinge alle eingetroffen und diese Prophezeiungen erfüllt sind und wenn der Herr, der Vater, der göttliche Schöpfer, das alles gesehen hat, wird er seinen Zorn zurücknehmen. Manchmal nämlich zerstört er alles in einer großen Flut, manchmal mit Feuer und manchmal eben mit Pest, Krieg und anderen Katastrophen. Das aber ist dann die Geburt der Welt, der erneuerten, guten, frommen Welt, die ein Abbild sein wird der höchsten Gültigkeit.

**Die griechische Form des Gottes
Hermes Trismegistos.**

Weitere Bücher aus dem Christof Uiberreiter Verlag:

Das goldene Blatt der Weisheit
Seila Orienta/Franz Bardon

Zum ersten Mal in der okkulten Literatur wird die 4. Tarotkarte des Hermes Trismegistos verständlich beschrieben und offengelegt. Sie beinhaltet unbekannte Konzentrations- und Meditationsübungen. Des Weiteren gibt sie Hinweise und erklärt die Unterschiede zwischen Magie und Mystik und Gefahren des einseitigen Weges. Am Ende steht die Verbindung mit der universellen Gottheit, dem Herrn der Sonnensphäre, welcher quabbalistisch „Metatron" genannt wird.

*

5. Tarotkarte – Mysterien des Steins der Weisen
Seila Orienta/Franz Bardon

Dieses Buch stellt die Vorderseite der Alchemie dar, die die einzelnen praktischen Übungsschritte erklärt, ohne die verschlüsselten Mystifikationen der alten Alchemisten auch nur annähernd zu erwähnen, wie man es aus den anderen Büchern des Franz Bardon kennt. Es wird erklärt, dass ohne vollkommene Beherrschung der 4 Elemente keine Alchemie möglich ist. Des Weiteren wird mit den einzelnen Ebenen, mit den Matrizen, dem elektromagnetischen Fluid usw. gearbeitet. Doch den Hauptpunkt stellen die göttlichen Eigenschaften wie z. B. die Allmacht dar, mit denen der Göttliche Stein der Weisen durch gewisse Übungen geladen wird.

*

Talismanologie und Mantramkunde
Seila Orienta/Franz Bardon

Zum ersten Mal werden hier (magisch) geladene Mantrams – Gebetssätze – preisgegeben, welche bei nötiger Reife, Ausgeglichenheit und Reinheit durchdringende Erfolge versprechen. Mantrams sind ja nach Bardon nicht irgendwelche „Suggestionssätze", sondern sie sind Ideenausdrücke, mit denen man mit Mächten, Kräften, Eigenschaften, also Gottheiten, in Verbindung kommen kann. Gleichzeitig werden die dazugehörigen Siegelzeichen der göttlichen Ideen preisgegeben, welche im rituellen

Zusammenhang mit den Mantrams stehen. Ein Buch, das nicht nur die Hermetiker, sondern auch die Anhänger der Yogawissenschaften inspirieren wird.

*

Eine Sammlung der schönsten und lehrreichsten Beschwörungsgeschichten
Hohenstätten

Dieses Buch ist einzigartig, denn es zeigt den zweiten Band von Franz Bardon an Hand von interessanten Evokationsberichten, die genau das bestätigen, was Bardon in seinem Buch geschrieben hat, und noch darüber hinaus. Es werden sensationelle Erlebnisse geschildert, die man sonst niemals findet. Auch aus unveröffentlichten Schriften wird zitiert.

*

Verkörperungen des Meister Arion
Hohenstätten

Man wird beim Lesen dieses Buches nicht glauben, wie viele bekannte und unbekannte Inkarnationen Franz Bardon hatte. Die paar, die im „Frabato" bekannt gegeben wurden, stellen nur einen geringen Teil seiner Verkörperungen dar. Wir mussten, da es dermaßen wenig Literatur über die Verkörperungen gab, wieder Hunderte und Aberhunderte von Büchern, Aufsätzen, Zeitschriften und Artikeln durcharbeiten, bis wir genügend Material für dieses Buch hatten. Aber der Leser wird sich beim Lesen sicherlich über unsere Arbeit freuen, denn sie wird ihn in Erstaunen versetzen.

*

Shamballa, der goldene Tempel des Lichts
Hohenstätten

Dieser Tempel dürfte jeden Leser von Bardons Roman „Frabato" fasziniert haben. Dass es aber in der okkulten Literatur noch viel mehr Informationen darüber gibt, die man aber nur findet, wenn man alles Veröffentlichte gelesen hat, dürfte dem einen oder anderen unbekannt sein. Es wurden wieder ganze Stöße von Büchern durchgesehen und das Ergebnis wird hier veröffentlicht. Es wird aber gleichzeitig darauf hingewiesen, wie viel Schundliteratur es darüber gibt, wie viel Lügen im Umlauf sind, damit sich der Schüler der Hermetik ein klares Bild machen kann. Wir bringen in diesem Buch alles, was wir an Material darüber gefunden haben, und es wird auch noch einiges aus der eigenen Erfahrung, was das Wertvollste ist, mitgeteilt. Nicht nur über den Tempel wird berichtet, sondern auch über die damit verbundene „Bruderschaft des Lichts", deren Sitz er darstellt.

*

Auf der Suche nach Meister Arion
Hohenstätten

Diese Autobiografie eines Schülers der Hermetik des Franz Bardon schildert sein magisches Leben, in welchem zahlreiche Erfahrungen zu den Übungen aus dem Adepten geschildert werden, die die Hauptperson selbst erlebt hat. Es wird der schwere Weg des Adepten aus autobiografischer Sicht gezeigt, seine vielen Tiefschläge, aber auch seine glanzvollen Seiten und Zeiten. Der harte Kampf mit dem Seelenspiegel wird bis in alle Einzelheiten aufgezeigt, genauso wie die vielen anderen Wege, in welche der Autor reinschnupperte, um dadurch reichlich Erfahrung sammeln zu können. Darüber hinaus enthält es unzählige Erfahrungen und Berichte betreffs Mantramistik nach Bardon, die wahre Runenmagie, zahlreiche Evokationen sowie Invokationen mit seinem Lehrer Anion, einen magischen Exorzismus, wie er bisher noch nie öffentlich geschildert wurde. Mentalreisen, Beeinflussungen, Übungen zur Gottesverbundenheit, Erscheinungen, Alchemie, Heilungen mit den verschiedensten magischen Methoden z. B. Quabbalah oder durch die Elemente, Schutzgeistevokationen und viele andere magische „Wunder" seines Freundes und Lehrers Anion. Auch einige magische Fotos in Farbe, ein bisher von Bardon unveröffentlichtes Akashafoto von Christus und ein Bild des schwebenden Meister Arion werden in diesem Buch preisgegeben. Der Inhalt ist viel reichlicher, als hier kurz beschrieben werden kann.

*

Magisches Gleichgewicht
Hohenstätten

Dieses Buch zeigt eindeutig, dass in allen anderen Systemen das „Gleichgewicht" genauso gebraucht wird, wie bei Bardons Werken. Er war nicht der Einzige, der das erwähnte, aber er war der Erste, der es deutlich erklärte, denn die anderen Systeme sprachen nur durch das Symbol, welches nicht jedem Leser verständlich war. Obendrein bringen wir noch Unveröffentlichtes vom Meister Arion zu dieser Grundlage der magischen

Entwicklung.

*

Das Leben und die Erfahrungen eines wahren Hermetikers
Seila Orienta

Diese Autobiografie eines Magiers ist unübertroffen, denn bis jetzt hat kein einziger okkult Geschulter so offen und ehrlich gesprochen wie Seila Orienta. Er gibt in diesem Werk sein Leben bekannt sowie seine zahlreichen und äußerst interessanten Erlebnisse und Erfahrungen. Es werden auch zum ersten Mal Fotos von Wesen der Sphären gezeigt, welche Franz Bardon höchstpersönlich in den 1920ern gemacht hat. Des Weiteren schreibt Seila Orienta über die Sphären, über Dämonen, Logenkontakte und vieles, vieles mehr, was einem ehrlich strebenden Hermetiker das Herz übergehen lassen wird.

*

Das Leben des Franz Bardon
Hohenstätten

Dieses Buch beschreibt das Leben des Meisters außerhalb des Frabatos, welches seine Sekretärin – Otti V. – geschrieben hat. Es beinhaltet Erklärungen zu seiner „Biografie", weitere Einzelheiten über den Kampf mit der FOGC, seine Beziehung zu Wilhelm Quintscher und anderen Okkultisten, was alles bisher unbekannt war. Des Weiteren werden viele Erlebnisse seiner Schüler in Prag erzählt, verschiedene magische Leistungen und interessante Geschichten Bardons beschrieben, die bis dato unveröffentlicht sind. Es werden auch seine drei Lehrwerke und deren Wirkung auf die Öffentlichkeit von einem anderen, unbekannten Standpunkt geschildert, welcher durch bisher schwer zugängliche Schriften unterstützt wird. Als Krönung wird seine aus dem Tschechischen übersetzte „Runenschrift" zum ersten Mal veröffentlicht. Auch einige Seiten aus anderen unveröffentlichten Schriften von ihm sowie interessante Fotos des Meister Bardon und seiner Freunde werden hier preisgegeben und vieles, vieles mehr.

*

In Verbindung mit der Gottheit
Hohenstätten

Über das Thema der Gottesverbundenheit mit all seinen Formen und

Methoden wurde bis heute noch nie ein Buch verfasst, geschweige denn eine Schrift geschrieben. Man findet in der okkulten wie in der östlichen Literatur nur spärliche Hinweise, die größtenteils verschlüsselt sind oder so geschrieben wurden, dass man sie kaum versteht. Im Gegensatz dazu wird in diesem Buch offen dargelegt, dass das 1. kleine Arkanum der 78 Tarotkarten die Gottesverbundenheit in ihrer Reinform darstellt.

*

Hermetische Heilmethoden
Hohenstätten

Dieses Buch stellt in der okkulten Literatur ein absolutes Unikum dar, denn über die Gesamtheit der okkulten Heilmethoden wurde bis jetzt noch NIE etwas Sinnvolles geschrieben. Es werden alle Heilmethoden erwähnt, die der hermetische Schüler mit Hilfe seiner bisher erlangten Konzentrationsfähigkeit ausüben und verwenden kann.

*

Erste hermetische Zeitschrift

„Der hermetische Bund teilt mit" ist eine der wenigen magisch-mystischen Zeitschriften, welche sich soweit als möglich auf die universelle Lehre von Franz Bardon bezieht. Sie versucht sich an die Gesetze des 4-poligen Magneten zu halten und vermittelt Wissen sowie Hinweise für die Praxis, damit der Leser die Möglichkeit hat, sie in seinen hermetischen Weg aufzunehmen und für sich gewinnbringend zu verarbeiten.

Noch viel mehr hermetische Literatur finden Sie auf unserer Website: http://www.hermetischer-bund.com.

Viel Vergnügen beim Stöbern.

Der Verlag